百年仓廪，但求实

崔淑仙◎著

北京联合出版公司
Beijing United Publishing Co.,Ltd.

图书在版编目（CIP）数据

百年仓廪，但求实 / 崔淑仙著 . — 北京：北京联
合出版公司，2020.12
（校长领导力丛书）
ISBN 978-7-5596-4956-0

Ⅰ . ①百… Ⅱ . ①崔… Ⅲ . ①小学—学校管理 Ⅳ
① G627

中国版本图书馆 CIP 数据核字（2021）第 016738 号

百年仓廪，但求实

作　　者：崔淑仙
出 品 人：赵红仕
责任编辑：高霁月
封面设计：陈正昭
内文排版：麦莫瑞

北京联合出版公司出版
（北京市西城区德外大街 83 号楼 9 层　100088）
廊坊市鸿煊印刷有限公司印刷　新华书店经销
字数 198 千字　787 毫米 ×1092 毫米　1/16　21 印张
2020 年 12 月第 1 版　2020 年 12 月第 1 次印刷
ISBN 978-7-5596-4956-0
定价：38.00 元

总　序

教育是国家发展的基石。自改革开放以来，随着教育改革的不断深入，教育战线涌现出了一大批杰出校长。他们痴情教育事业，坚守理想信念和教育良知，以敢为天下先的精神大胆创新，不断进取，形成了各具特色的教育思想和管理风格。他们的探索和实践，形成了具有时代风格的教育经验，丰富了中国特色教育理论宝库。

2019年，通州区教委启动了"学校文化驱动下的校长领导力建构"工程，组织全区杰出的校长编写"校长领导力丛书"，旨在把全区近几年教育实践中蕴含的管理智慧提炼出来，形成具有时代特色的教育理论体系，以此引领更广泛区域的教育实践活动，为教育改革提供经验支持，为未来的教育家提供丰富、可资借鉴的精神食粮。

校长的领导力是一种综合能力，不仅包含各种具体的管理技能和方法，还包括校长的基本素养、人格品质、思维方式等诸多要素。校长的领导力不是凭空产生的，而是扎根于校园文化土壤，吸收各种教育研究成果，从而形成的独特而生动的教育智慧和管理能力。

校长领导力的形成离不开持之以恒的学习和深入思考，需要校长们在教育实践中积极迎接变革与创新。越来越多的校长正以实际行动在学校管理中"不忘初心，牢记使命，砥砺前行"，全面贯彻党的教育方针，落实立德树人的根本任务，不断提升学校的教育质量和育人品质。

通州区教委策划出版"校长领导力丛书"，就是要以提升教育质量为己任，为教育工作做一些实事。通过这套丛书，对全区各具特色的教育思想进行凝练、沉淀，从不同侧面反映通州区全体校长关切的重点和集体智慧。通过各位校长在实践中总结出的真知灼见，给不断变革的教育事业开启一盏明灯，指引教育发展方向。"校长领导力丛书"，就是要向这些可贵的区域教育实践者致敬，让更多的校长与智者同行，开创积极向上的教育新气象。

目 录

C o n t e n t s

第一章 百年积淀——求笃实

一所学校，历经百年，在时代变迁中不断发展，守正笃实，是她不变的追求。

第一节 寻根溯源，百年育人

一、起于端蒙，这是一所有历史的学校

我出生在通州，成长在通州，工作也在通州。我与这片土地，有着解不开的情缘。1983年从通县师范学校毕业后，我一直在通州的小学里工作，并且一干就是37年。三十多年，我有过4所学校的工作经历，无论在哪一所学校，我都能以教育者的真情、通州人的深情，把自己的所学所思奉献到工作之中。2013年1月，是我教育生涯的又一个新的起点：我被调到通州区后南仓小学任党支部书记、校长职务。后南仓小学，对于当时的我来说，既是一所熟悉的学校，又是一所陌生的学校。熟悉的是，通州人都知道这所具有百年历史的后南仓小学，教育质量优秀，老百姓口碑好；陌生的是，我从未真正走进过这所学校，对于学校的历史文化和办学理念，以及学校中的人、事、物，我是知之不多。

怀着对教育的热爱、对后南仓小学的敬仰，我开始了新的工作。"传承、发展"成为我对学校、对师生、对自己的郑重承诺。

小学阶段的教育，是每一个孩子智慧人生的开端，是学生德、智、

体、美、劳全面发展的重要时期。和其他阶段的教育体系相比，小学教育有着自身的独特性。

小学阶段教育是基础性，其课程体系是为今后中学、大学的学习打下坚实基础的启蒙教育，重点在于引导学生养成正确的学习习惯和学习态度，形成正确的观念。

作为九年义务教育的重要组成部分，小学阶段占据了学生成长中最重要的六年时间，它是面向所有学生的普及教育，是社会、家庭、学校发挥合力、提高国家竞争发展动力的重要事业。教师是人类灵魂的工程师，小学教育对于每个学生今后的成长有着至关重要的作用。在小学教育当中，作为教育工作者，需要具有强烈的责任感和使命感，以充沛的热情去高标准要求自己。

这一独特的教育阶段，是对儿童的启蒙教育阶段，且在我国有着悠久的历史。我国的现代小学教育，最早是19世纪末逐渐建立起来的，从上海经济发达地区率先设立的一系列小班、学堂开始，在清末民初和革命战争的年代中不断演变，直到中华人民共和国成立以后，通过颁布、完善各项法律规范，确保了劳动人民子女接受教育的权利。而后南仓小学，正是在这一背景下一路走来，拥有丰厚的历史底蕴的一所学校。

翻开学校的历史，回顾后南仓小学的发展过程，一段段变迁和进步的轨迹如此生动真实，历历在目。

通州区后南仓小学的前身为美国基督教公理会于1903年创建的一所教会小学，初名为"蒙馆"，后改名为"端蒙小学堂"，至今已有117年的办学历史。《易·蒙》象辞曰："蒙以养正，圣功也。"寓意启蒙心智，阐发思想。后南仓小学作为通州地区最早从事学生启蒙教育的中小学之一，在一百多年的办学过程中，不断积累教学经验、改进教学方式、培养教师队伍，逐渐成为被当地老百姓亲切称为"后小"的百年学校。

在1918年至1942年间，后小从一所民间小学，合并归属到潞河中学，改名为潞河中学附属小学，成为国家教育体系的一部分。当时的陈昌祐校长，在管理后小的过程中，结合先进的教学理念，体察中国教育的变化风向，以"人格教育"为核心，提出了"三育齐备、全面发展"的教育主张。这一具有充分前瞻性的办学理念，将学生的能力培养摆在后小教学工作的中心位置，为今天的学校发展奠定了坚实的基础。

这一教学理念令我不禁深思——究竟是前人的智慧突破了时代的限制，抓住了当今教学潮流的变化，还是好的教育的本质都是在追求同样的目标？但无论怎样，这份由校园前辈们留下的礼物，必将为我在学校的工作指明方向。后小长期以来坚持的，注重人格教育的基础和追求全面发展的风气，让我在一些工作的开展和理念的构建上充满信心。这种校园文化，如果要形容它给人的感受，那就是笃定而踏实——前人长久的潜心耕耘，为我带领学校的进一步发展提供了基础和支撑。

1942年3月，学校与富育小学合并，改称河北省通县城内第二小学。新中国成立后，学校先后改名为河北省通县通州镇第五小学、河北省通县通州镇后南仓小学，1960年改称北京市通县后南仓小学。1978年被确定为通县重点小学。1997年4月改为现名——北京市通州区后南仓小学。

20世纪80年代初，随着改革开放的不断深入，学校的教学理念得到了新的发展。第八任校长——宁珩校长在研究了新时期小学的教学需要以后，提出"五个课堂"的教学思路，将学校科技兴趣小组活动的开展提到重要的高度，并在我区一直处于领先地位。这一改变，让学校从传统的知识和观念培养模式中走出来，更注要对学生学习能力、创新思维的培养。而校园兴趣小组活动的开展、科技课程的开设，也为校本课程的丰富拉开了序幕。后小也由此摸索出自己独特的定位，从通州地区众多的小学之中凸显出来。

虽然取得了一定的办学成绩，但这一特色体系的正式确立，则是进入到20世纪90年代才完成的。在邓小平同志提出的"科学技术是第一生产力"理论的指导下，第九任校长——耳友深校长明确提出了"科技教育"的办学特色。将学生的科技素养纳入全面素质教学的范畴当中，并着重培养学生动手和动脑的能力。而在2003年，第十任校长——肖金茹校长带领学校继续把"深化科技教育，促进学生全面发展"作为特色办学，学校科技生物馆的建成、现代化教学技术手段的普及运用都发挥了重要作用。学生的科学素养不断提高，学校多次获评市区科技教育先进学校。

后小在时间的变迁中，所坚持的精神内核却没有变，全校从校长、干部到师生，都践行着促进学生全面发展的理念，几十年如一日地为学生的发展谋求突破。这不仅仅是对校园历史的传承，也是一种精神的延续，一种对追求积累的"求实"文化的发展。而我作为后小第十一任校长，继承和发扬学校办学理念和办学风格是我的使命。将其发扬光大、突破创新，在新的时代中再创辉煌，更是对我的要求与考验。

二、运河围绕，感受"仓文化"的熏陶

作为一个通州人，面对通州发展的历史，总是如数家珍，感慨良多。而后南仓小学，则每天都在提醒我：她，更是通州文化的见证者。

北京是我国最重要的遗产地之一，长久的漕运职能为北京积淀了深厚的大运河文化底蕴。而通州，作为京杭大运河北京段的终点，是往来物资运输的关键所在。通州可以说是一座依靠运河和漕运而兴起的城市，"在京城之东，潞河之上，凡四方万国贡赋由水道以达京师者，必萃于此，实国家之要冲也"。其实通州这个地名，就来自于此——"取漕运通济之意，故河曰通惠；闸曰通流；桥曰大通；永通，是'通'虽郡号，实为漕而得名也"。

通州在金代、元代时期就已经是中国重要的仓储基地。在通州各地，就设有通积仓、广储仓、有年仓、乐岁仓、富衍仓等十余座漕仓，主要是将从河北、山东、江南等地发出的粮食经过御河转运进北京。

进入明代和清代，通州除了向南起到漕运的功能，向北还担负着保卫京师的重任，成为水陆运输的重要交通枢纽。当时通州城中较大的大运仓，常年保有数百万石的粮食，国家机能的维持，很大程度上依靠这一重要的物质基础。通州在明清时期，兼具仓储基地、商贸码头、军事基地的重要功能，每一项都和漕运密不可分，通州可以说是一座典型的运河城市。

明代南京刑部尚书董方在通州运河上看到漕船飞帆的情景，不禁吟道："襟带万年昌帝业，朝宗忆国拱皇周。"作为一个封建官僚，他的意思是，祝愿大运河永远像纽带一样，联系着国家的南北，使帝王大业

昌盛兴旺，也永久联系着世界上许多友好国家，以拱卫朝廷的皇都。清代诗人李庆保看到"碧空云影乱，破浪雪花堆"的通州运河盛况，也高歌"天仓收正供，环海免鸿哀"，指出：那么多的漕船，运来了江淮流域的地租税粮，不仅满足了朝廷的需要，而且赈济了天下的穷困百姓。

"天仓"就是皇家的粮仓，也就是国仓。但是，运河两岸设置的不少国仓，都称作"天仓"吗？当然不是，只有设置在天子脚下的国仓才可称之为天仓，而通州和北京的国仓设在"天府"，称作"天仓"，则是无可挑剔的。

自辽、金、元以来，通州都建有天仓，明清时期更是发展迅速。

那么，"后南仓"的名字是怎么来的呢？

凡是知道一些通州历史的人都知道，在明代时期，通州新旧城内曾建有四座大型国仓，也称军仓，凡守卫北京和长城的官兵所用粮饷，都从通州四座粮仓中支取，即大运东仓、大运中仓、大运西仓和大运南仓，到了清代中期，设在通州的国仓就只有中、西二仓了，那么，什么时候出现了后南仓呢？明代永乐中期（约1409—1415）建有西仓、中仓和东仓，到了明代天顺年间（1457—1464），国内比较安定，农业发展较快，税粮充足，但北陲吃紧，蒙古兵经常侵犯骚扰边境，威胁北京安全；为加强北疆防卫，守边官兵增多，军需粮饷必须得到保障。因此，朝廷在通州又增设一座大型军仓，建在大运西仓南面的晒米场处，称为大运南仓。因前三仓建于永乐中期，后一仓建于天顺年间，前后相距30多年，又因为南仓位于前三仓之南，因此大运南仓就被称为后南仓了。

关注明清时期通州仓的发展变化轨迹可以发现，通州地区的仓储文化和规模发展，与国家的政治、经济、军事情况的发展变化是紧密相关的，而且很大程度上受到地理环境、水道变迁、气候灾害等因素的影响。

从政治环境来看，当社会稳定，统治者致力于国家建设，漕运与仓储制度完善、官员廉洁，那么京通仓储就会比较充实，能够在国家保障地区供给、赈济灾民、支持部队粮草等需求方面提供很大的帮助。明代宣德、万历年间，以及清代康熙、雍正、乾隆时期，京通仓往往可以积蓄多达数千万石的粮食，是典型的国库充实、社会稳定、国家军事强盛、商业经济快速发展的时期。

从经济环境来看，农业生产力的发展可以让缴纳税赋的民众提供更多粮食，甚至在满足自身需求之外，有余粮参与到市场交易当中。在这样的时期，不但粮食市场可以保持稳定，而且国家拥有的积蓄足以面对意外情况，稳定物价，在灾害年景中有备无患。

从军事方面来看，凡是频繁发生战乱的时期，军事行动会消耗掉大量的国库粮食储备，从而消耗国家积蓄和民众财富。当国家长期处于战乱环境下，国家实力储备的消耗，会造成社会进一步动荡，使社会、经济发展倒退。

从地理和灾荒的角度来说，在运河畅通、风调雨顺的时期，漕运的效率会大幅提高。粮食的缴纳收集、船只航行运输、漕粮搬运入仓，都会更加顺利，从而减少拖延和意外导致的损失。一旦水道淤塞，黄河、淮河河道变迁，发生干旱或洪涝，不仅船只运输会受到影响，粮仓的管理、晾晒工作也会无法开展，甚至造成粮食损失。这时国家就需要动用仓储粮食来安抚市场环境、赈济灾民、稳定社会。

同时，通州仓的建设不仅集合了京通地区民众力量的智慧成就，而且仓储粮食的来源，本身也由全国民众对赋税的缴纳而来。仓库的建设、仓储的盈亏周转，与基层社会有着不可分割的紧密联系，它是观察了解当时社会结构、文化体系的一个窗口。

通州，作为北京地区重要的城市，见证了北京地区明清以来的发展和变化。通州以其独特的历史地位，在运河漕运与转运仓储的浸染下，发展形成了自己独特的文化体系。随着时间的积淀，众多与漕运相关的政府设施，遍布运河周遭的许多历史遗迹，以及围绕运河建立起来的商业圈和文化产业逐渐形成。

五岭南北的"广货"、川黔地区的"川货"以及沿海一带的"洋货"，源源不断运达通州，然后转运至北京城。反过来，塞北的皮毛、牛羊，也是大多经过通州，往南方各省运输。就连紫禁城修建所用的珍贵木料、金銮殿所铺的金砖、环绕皇城数十公里的城墙城砖，也都是从通州运来的。如果没有通州地区长久以来的支持，北京可能不会是如今这般繁华的样子。

而漕运、仓储对通州本地的经济发展也起到了巨大的推动作用。整个通州城，就是在仓库、运输为核心的基础上建立的。可以说，通州是因为漕运而兴盛起来的，而整个北京就是一座"漂来的城市"。

过去，在通州流传着这样的民谣：

通州城，

好大的船，

燃灯宝塔做桅杆。

钟鼓楼的舱，

玉带河的缆，

铁锚落在张家湾。

这个"漂来"不只是针对经过通州的物资。在2010年11月1日0时为标准时点的第六次全国人口普查中，通州区常住人口为118.4万人，十年间增长了75.7%，2016年则已经达到142万。其中，外省来京人员占到了36.7%。所以通州不仅东西是漂来的，通州人也来自五湖四海，它是一个多民族、多地区人口混合的大熔炉。随着人口而来的还有文化，来自全国各地的传统风俗和艺术文化，也在通州地区融合、交汇，形成了当地独特的文化包容力和接纳新鲜事物的传统。就像当年御史开通河道一样，通州地区的人们笃信改变和进步，从不故步自封。所谓流水不腐，通州地区的文化活力也来源于此。

2016年，通州被确定为北京城市副中心。2019年，北京市政府正式搬迁到通州，这不仅是京津冀协同发展战略的需要，也有其历史发展的渊源。可以想见，通州区的未来，将会更加美好。

而后南仓，位于通州区的核心位置，正是对通州仓储文化、运河文化感触最深、目睹最及时的地区。在通州历史的变迁中，后南仓依靠来往的人流、物资、文化交往，从未停息过自己的改变。

"仓廪实而知礼节，衣食足而知荣辱。"位于后南仓地区的后南仓小学，一直将传承运河文化作为己任，在新的时代，后南仓小学将继续以"仓"文化为根基，弘扬运河精神，不断进取，为家乡培养出更多的人才。

三、人杰地灵，后小人才辈出

历经一百多年的岁月，后南仓小学作为一个培育人才的基地，成就了许多学生和教师，为国家培养现代化核心人才作出了自己的贡献。

来到后南仓之前，我就对学校的办学经验和优秀的教学质量有所了解。后南仓小学在通州地区凭借其悠久的历史和独特的教学特色，为学生人才的培养和教师素质的提升积累了丰富的经验，走在教书育人的前列。学校通过科学的管理理念和三级课程的实施，塑造出一批敬业奉献的优秀教师，培养出爱国、勤奋、守信、明理的优秀学生。

百余年来，从后小走出去的毕业生成千上万，他们进入到高一级的学府，秉承后小精神，继续勤奋学习，然后走向社会，参加祖国建设，成为对国家、对社会的有用之才、大器之才。

后小更是涌现出一批批优秀教师，他们在培养出优秀学生的同时，也形成了自己独特的教学风格，被社会认可。

陈昌祐、张德恩、宁珩、耳友深、肖金茹等几位校长科学管理学校，特色办学，使得后小健康发展，人民满意；赵玉影、王雪征、赵昆山等数十位优秀教师脱颖而出，成为通州区的优秀干部；苏金良、李永亮、曹春浩等十余位优秀教师成为通州区教师研修中心的研修员，在全区教育教学研究中起到引领作用……

学校现有教师108人，其中正高级教师1人，高级教师16人，中共党员55人，通州区名师4人，市区骨干教师17人。全体教师精诚团结，人人践行学校百年精神，争做学校"五星"教师，是一个团结进取、具有丰富教学经验的战斗集体。

一次在与学校的常老师聊师者感悟时，他说起了当年他初次站在讲台上时，内心充满了激动。面对孩子们五十多双明亮的眼睛，他强装出严肃的面孔，板着脸对着台下，但是孩子们眼中所传递的好奇、信任和敬佩，让他消除了紧张感，也给予了他一路走来的动力和勇气。

在经历多年的教学研究实践后，他才发现，真正的教育，总是发生在细节之处。每一次调解学生们的矛盾，开导学生们的疑惑，方式方法的改变总是能有惊人的效果。随着一届届学生的毕业，他感到自己也在不断成长。十年后，当自己教的学生从北大回来看望他时，他深深地感到一份自豪和成就感。但他也同时意识到，回顾当年，自己本可以做得更好。这一切都成为他继续成长的动力。

是啊，在后小，我们的每一位教师和学生的故事都是这样，也许，这就是这所学校教师的最大特点。

正是这样一位位平凡而又特殊的教师，在推动着学校的进步和发展，在践行着教书育人的使命，在为每一个学生的五彩人生启蒙和祝福。他们无论年纪长与幼，无论经验多与少，都是学校发展的人才支撑。

2018年，是后南仓小学建校115周年，现在任北京教育学院通州分院副院长的苏金良曾经是我校教师，他为学校作诗一首，名为《后小百十五年赞》，每每读后总是让我激动不已。

后小百十五年赞

百年后小，名之以仓。

端蒙养正，圣功函丈。

兴之于诗，习礼成长。

志之于道，德厚流光。

依之于仁，游艺八方。

义以为质，胸襟坦荡。

玉汝于成，振翅翱翔。

莘莘学子，含弘吐煌。

蔚起多士，祖国栋梁。

百十五年，正道沧桑。

新新时代，开来继往。

博文约礼，格物向上。

三我教育，创造梦想。

民族复兴，华夏汉唐。

炎黄子孙，来日方长。

后小教师苏金良

戊戌荷月

我能够加入这样一个集体，成为他们最信赖的人，和他们一同献身于学校的教育教学工作当中，是我最大的荣幸。

第二节　走进传统，寻找后小的生长力

一、科技教育，我们率先起步

后南仓小学是一所有着117年悠久历史的百年老校，在科技教育方面的探索可以追溯到20世纪80年代。当时，学校以"兴趣小组"为特点，发展学生的兴趣与特长，如学校的无线电小组、种植小组、三模（航模、海模、车模）小组、物候小组等，在通州区各项科技竞赛中屡屡获奖，成绩优异。这些小组活动的开展，带动了学校科技工作的开展，激发了学生学科学、爱科学、用科学的极大热情。

1991年，学校在科教兴国战略思想的影响下，从实际出发，提出了加强科技教育、促进学生全面发展的办学思想。学校还率先建成了特色的科技生物馆，经过几年的实践，效果显著，总结出了"一个龙头，四个渠道，两个结合"的经验，经国内多家媒体先后报道过，各兄弟省市包括台湾地区，以及日本、澳大利亚等国外教育考察团先后到我校考察，对我校的科技教育给予了充分肯定。1995年，我校被国家教委等单位授予国家生物百项活动"优秀活动奖"，1998年被认定为北京市科技活动示范校，2004年升格为北京市科技教育示范校。

2003年，肖金茹校长在深刻总结以往办学经验的基础上，以生物科技为龙头，使科技教育进一步深化，影响着一代代儿童的健康成长，使他们先后成为建设祖国的栋梁。

近年来，在"大气成就大器，为每一个孩子的智慧人生奠基"的办学思想引领下，在习近平总书记"我们要在科技创新方面走在世界前列""大力培养创新型人才"的精神指导下，我们深度思考，学校科技教育的核心是什么？它的落脚点又是什么？最终，我们提炼出了"三我"理念，即"我发现·我实验·我创造"。"三我"科技教育核心理念意为教师在教育过程中以学生为本，突出学生主体地位，运用恰当的教学策略和方法，培养学生"发现、实验、创造"的品质，激发学生在学习过程中主动学习、善于观察、勤于思考、勇于实践、长于合作、大胆创新。

学校理念文化的确立，让我们追根溯源，清楚了"我是谁，我们将到哪里去"，使学校发展有了根基与灵魂。学校坚持内涵发展，不断提升办学品质，教育教学质量不断提升，几年间，学校先后被评为为全国青少年科学人才基地、北京市科技示范校、北京市文化建设示范校、北京市课程建设先进校、北京市国防教育示范校、北京市知识产权教育示范学校、北京市文明校园等。还获得"十三五"科研课题先进实验学校、市级天文大赛优秀组织单位、北京市科学小种植优秀组织单位、《现代教育报》《红通社》优秀记者站、区级科技教育优秀学校、科技节活动先进单位、科技节最佳展示奖、科普工作先进集体光荣称号等。搜狐网、未来网、北京教育头条、大运通州等多家媒体对我校的科技教育进行了报道。

2015年4月17日，我校被评为北京市文化建设示范校，我作为校长，在全市经验交流会议上作了《创建"三我"文化，启迪智慧人生》的交流发言；学校在"三我"理念的引领下健康发展。

科技教育我们率先起步，并且不断丰富其内涵，师生的科学素养也得到了较大的提升。

二、学校重视学生人格的培养

小学教育的重点不仅仅是对学生进行知识的传授，更重要的是对学生能力的培养，使之形成健全的人格。

早在1918年至1942年间，陈昌祐校长就提出了以"人格教育"作为核心的教学理念。一方面是对后小教学文化的继承，即中国传统观念中重视个人品质教育的特点。中国传统的"君子"这一概念，可以说是传统教育的最终目标，是结合了个人道德观念、能力智慧的完美体现。后小将这一教学理念作为学校教学核心，保障了我国教育文化在校园中的一脉传承，赋予了学校更加厚重的文化情怀，也为教师制定了更高的教学目标，促进了后小教师教学能力的提升和科学健康的教学观念的形成。另一方面，这样的教学理念真正体现了为学校培养出更多具有核心竞争力的人才。对一所学校来说，培养学生是一个持续不断的过程，过去对学生的成功教学经验会在很大程度上指导学校在今后的教学工作。我们将不断提高学校和教师们对教学质量的要求，在不断变化的社会环境下，以"人格教育"为中心进行教学，让后小的教师们能够一直认清自己的教学目标，不会受到个别科目调整变化的影响。

美好的事物大多是相似的，在孩子们身上也是一样。通过近一个世纪的积累，后南仓小学在培养学生形象的过程中不断去粗取精，形成了一个鲜明的目标。这令后小在学生的素质教育这一理念上，不仅仅是从理论上认识和赞同，还要通过自身的不断实践，总结得出的经验，从而让教师们更加充分理解要达到这一教学效果所需要付出的努力和行进的方向。

随着一届届学生的更迭，重视人格成长的校园文化也在学生中传播继承，形成校园文化独特的氛围。在这样的氛围中学习，学生能够在校园生活中受到潜移默化的影响，有利于内心健康发展。

这一校园理论创造，是后小数十年如一日的坚持，让经验积累在这里从量变产生了质变。在我来到后小任职以后，这一明显区别于其他学校的特点，令我印象深刻并且无比珍惜。

三、全面发展是我们的文化基因

建校初期，学校提出了"强健体魄，全面发展，卫我中华"的口号，影响并培育了一大批爱国志士。20世纪60年代，时任校长宁珩推出了"五个课堂"的教育教学管理模式，以此发展学生的个性。20世纪90年代初，在时任校长耳友深的带领下，提出了加强科技教育，促进学生全面发展的办学特色，同时提出"轻负担，高质量，大面积，有特长"的教育教学管理思想。肖金茹校长更是以"文明、勤奋、健美"的校训作为学校统领，进一步加强科技教育，引领学生全面发展。在突出传统文化教育的特色基础上，正确认识了学生全方位素质发展的需要，将学生现代文明的观念教育、积极向上的人格教育以及健康的体魄教育放在核心位置，帮助学校正确理解自身的时代职责和定位，为学校的教学质量打下了坚实的基础。

重视学生能力均衡发展，以结果为导向的评价理念，也为学校不断地自我反思、改进，埋下了良好的种子。这一时期的后小，处于积累的状态，经过百年教学工作的持续开展，后小在学生全面发展的道路上一直在坚持尝试。这种坚持使学校形成了一以贯之的严谨教风，总结了教学工作中遇到的问题和解决这些问题的较多经验。

随着"三我"教学理念的提出，后小又一次扩充了对学生素质的要求，将科技和教育纳入学校的精神和教学要求当中，成功提出了"五星"少年的评比理念，从一个更加全面的角度来评价教师的教学成果。

这一要求，既符合新的"十三五"对于国家创新型人才的要求，也是对后小传统教学文化、核心价值观的一次传承和重新解读。虽然时代不断发展，新的情况越来越多，越来越复杂，但是后小对学生的全面要求，能帮助我们在这样的环境中抓住学生教育的核心所在。

"全面"二字说来简单，落在实处才可见体现的艰难。如果一个教育工作者，未能从各个角度去尝试对学生不同品质、能力的教育和评价，那么他对于全面的理解也就只能局限在自己教授过的范围内。

后南仓小学恰恰是在漫长的教学历史中，一直在不断挑战突破自己的教育范畴，将更多的内容纳入全面教育的理念当中。这一尝试的基础，为我们积累了大量的评判经验，形成了对于学生全面素质教育极有心得的教师团队。这一切，让我们得以作出新的总结与突破。

所以说，在后南仓小学，对待学生全面发展的理念，已浸润在我们的文化基因中，融入到我们教学理念里的宝贵财富，是后南仓小学不断成长的动力来源之一。

如今进入新的时代，五育并举既是时代要求，也是后小文化基因的体现，我们将不负众望，继续前行。

四、每一个孩子都享有平等的教育机会

根据2010年的人口普查，通州全区常住人口为118.4万人，同2000年第五次全国人口普查相比，十年共增加51万人，增长率为75.7%，平

均每年增加5.1万人，年平均增长率为5.8%。全区常住人口中，外省市来京人员为43.5万人，占常住人口的36.7%。

由于通州区在历史、地理、经济上独特的地位，这里成为来北京落脚的人们经常会选择的定居点。来自全国各地乃至世界各地的人，不同的文化在这里碰撞、融合，产生新的、不同的社会现象和结构。可以说，通州区是一个文化的大熔炉，为京畿地区提供了重要的文化底蕴。尤其是在北京市政府转移到通州区以后，这里也必将更进一步吸引不同背景的人群，在运河文化的基础上，发展出通州独特的人文内涵。

在这样一个地区做教育，特别是中小学教育，不同文化背景冲突所带来的挑战会不可避免地发生。后小的每个教师都在日常的教学中，努力去平衡这些问题，积极为每一个学生提供同样的教学体验，保障他们获得平等的学习权利。

（一）重视学生的学习能力差异

后南仓小学，一直坚持"发现每一个，尊重每一个，培养每一个，成长每一个，绽放每一个"的教学原则，将学生作为教学的主体，这一点尤其表现在对待学生的学习进度的管理上。后小的教师们通过长期的观察，对不同学生学习能力有着充分的理解。学生不仅在理解吸收知识的速度、效率上存在差异，所擅长学习的科目可能也有很大不同，甚至在喜欢的学习方式上，也有着明显的区别。

针对各种不同的情况，学校首先要做的是发现，不能总是用同一套教学模式去要求所有学生，也不能仅凭一两门课程的表现优劣就对学生的能力妄下论断。后小一直致力于不同课程类型的研究发展，通过自主设计的节日、各种选修课、跨年级跨班级的各类社团组建，为学生在普通课堂之外提供了许多展现自己的舞台和学习方式。对待每一个这样的教学计划，学校教师干部都在设计和回顾反思中投入很多的心血。每一次成功的教学实践，都会得到多角度、多领域的充分分析，让其中的闪光点和经验得到总结累积。而每一个新的课程，在设计中都会大量参考过去课程的心得体会，在群体共同研修的帮助下进行完善。

在这样的体系下，对学生行之有效的教学方式能够得到及时的普及，逐渐成为校本课程的一部分，在日常课堂中发挥作用，为能力有待发掘的学生提供更多的表现机会。这种一边尝试一边改进的教学方法，最大限度照顾了各种不同学习方式、学习能力的学生获得教育的权利，促进了学校教学环境的公平化、均衡化，为国家培养了更多全面发展的人才。

同时，在学生之间，后小强调集体荣誉感的教育，通过鼓励学生之间的互帮互助、共同成长，既保障了落后、偏科学生的全面发展，也为擅长一些科目学习的学生建立了强烈责任感和服务他人的温柔内心。友好的人际关系，共同学习的积极氛围，使后小的学生可以在健康的环境下快乐成长，成为社会主义建设的合格接班人。

（二）了解学生的家庭背景差异

个人认为可能在每个学生身上，表现最大的差异就在于家庭情况的不同。虽然学校是学生每天度过主要学习时光的地方，但是家庭对学生的影响，可能更加深远而明显。作为教学工作者，这些校园之外的因素，从来无法忽视，也不应该被忽视。后小的教师团队，特别重视与家长的交流，很多教师在与学生家庭沟通方面，都有着丰富的经验。在长期的工作当中，很多教师都发现，学生在学校里行为表现存在的问题，往往都和家庭的教育方式存在着很大的联系。

后小教师通过定期与家长交流，时常与学生话家常、拉近距离，在学校和学生家庭之间建立了良好的沟通桥梁。而且，学校鼓励学生将学校评价标准、社团课程内容、教师同学们的相处情况多与家人沟通。最重要的是充分调动学生的学习热情，让学习的激情延续到校园之外，给学生提供全时段的校园文化影响。这样积极的校园风气会通过孩子传递到家庭父母身上，让他们随时了解学校的教学方针是什么，学校推广的教学理念是什么，学生在学习中的表现如何。

家长能够及时了解孩子的动态，有问题经过沟通能够得到及时的反馈，就会更愿意参加到教学中来，与教师建立起良好的家校合作关系。当学校的氛围与家庭能够在教学方针上达成一致，学生会获得更加沉浸式的学习体验，在两个环境中不再产生明显的隔阂，有利于学生自身的成长。

（三）照顾每个学生的文化差异

正如上文所说，后南仓地区的学生来自各个不同的地区，每个城市、乡村都有其独特的人文风貌，尊重每一种文化和理解他们与北京地区习俗上的差异，对学生和教师都是值得学习和极有价值的课题。中国是一个多民族国家，和谐包容是我们社会的主题。在教学课题中，所有学生、教师都应该以提升学习成绩、促进个人成长为目标，共同进步努力。

教师需要充分了解不同民族、宗教、语言、习惯对学生学习造成的影响，在保障学生个性自由发展的基础上，帮助学生克服生活习惯可能对其学习造成的困难。这是对学生健康人格的建立至关重要的工作，帮助学生正确看待自己的文化特征，找准自己的文化定位，选择自己想要接触和融入的文化体系。

在学生集体中，教师也要注重学生之间对彼此文化差异的包容和理解，通过科普、体验等方式，帮助学生去接触、感受不同文化互相碰撞的魅力。这对于每个学生融入集体，感受班级、学校的温暖，认可校园文化有着重要的作用。如果学生在学习中因为自己的不同，与同学产生疏离感，那么对于整个班级的教学都会是一种损害。而且，为了培养适应未来国家建设的全面型人才的需要，对各种文化、习俗尊重欣赏的能力，也是不可或缺的。

（四）在教学中倡导民主作风，鼓励学生人人参与教学活动

中国一直践行社会主义民主制度，尊重个人意志与自由的和谐发展是我国的优势所在。在全球化不断发展的大环境下，民主制度是全球大势所趋。学生在中小学阶段就能够通过参与教学设计，近距离体验民主制度，熟悉民主观念，对于学生的观念发展有着积极的作用。

在后南仓小学，我们通过多种方式，激发学生的积极性，以学生为主体来构建课程体系。在兴趣小组、选修课的建立上，我们尊重学生的意见，采用自主选择的方式组织小组，让学生找到自己感兴趣的学习项目，让他们以更强的学习热情、动力投入课程当中，并且与同学找到更多的共同语言，这有利于他们对校园环境的融入和集体荣誉感的建立。

在活动、节日中，学校教师都会引导学生设计课程、比赛、表演项目等教学活动，让学生体会自己的努力成果，学会慎重、全面看待问题

的方法。同时培养学生愿意在大众面前表达自我意见，拒绝人云亦云的行为风格，促进学生的思想交流与成长。而且，从效果上来说，由学生自主设计或是投票决定的教学方式，往往能产生意料之外的收获和好处，学生对于课程、活动的接受度也更高，愿意参与配合。这种校园民主式的组织方式有着自身独特的优势，值得在日常教学中继续研究和推广。

第二章 传承发展——求务实

先辈们创下的事业，后人定当传承，并且沿着他们的足迹，脚踏实地，不断向前。

第一节 传承：接过前人的火炬

一、走访老校长们

开拓学校的未来，需要依靠的不仅是创新的勇气和对教育满腔的热情。作为一个领导者，如果没有对于学校历史、传统的深入理解，是无法将学校的传统文化进一步传承和发扬的。来到后南仓小学的时间不久，我就对这所迷人的学校充满了求知的欲望，想要把自己融入这所学校的文化中，成为这个集体中真正的一员。面对一位位勤恳负责的教师，一个个活泼聪明的学生，我一直在思索，究竟有什么方法帮我进一步了解、认识他们呢？究竟有谁，曾经历过和我如今一样的心情，并且一路走来，在校园的气氛中深深被熏陶感染呢？在欣喜中，我想起了几位耳熟能详的老前辈。

为了能够获得最真实的第一手资料，理解学校最核心的精神内涵，我踏上了走访学校多位前任校长的旅程。在通州地区，后南仓作为一所有名的历史校园，它所经历过的每一任校长，也都是在教育工作当中做出了杰出贡献的行业同人。能够有机会向他们学习，了解他们的教学、管理经验，听他们讲述自己对小学教育的认识理解，对我来说，是一次十分宝贵的学习和交流机会。那一位位校长，在他们走入后小那天，他们是什么样的心情？在他们领导后小的过程中，他们遇到过什么样的困难？而在多年的教学管理中，他们又总结出了怎样的经验和理论？面对种种可能，我不禁畅想起来。

尤其令我感动的是，面对这样一个自发学习的机会，学校多位的教师选择与我同行，让我在与诸位老校长的沟通过程中倍感亲切，也让我感受到了加入后小大家庭后的温暖气氛。我深切体会到，这是一所充满感情的学校。

学校的第七任校长张德恩、第八任校长宁珩都已经近九十岁高龄了，他们可以说是后小成长过程的见证人。

在他们的指导下，后南仓小学适逢20世纪80年代的变革时期，引进了许多新的教学理念和思想，其中，对于科技教育课题的建设，取得了明显的成果。两位校长讲述这一时期教学经验的过程，我们受益匪浅，也深深感到做好小学教育工作的艰辛。

尤其是如何将新的教学方式、教学理念融入后小的传统教学之中，并在原有的基础上创新发展，两位校长给出了行之有效的建议。并且结合他们的亲身体验，就很多学校创新发展中可能遇到的问题着重对我们进行了提醒，为学校后来办学少走弯路，提供了较大的帮助。

后小第九任校长耳友深，他在后南仓小学工作十一年，后来调任通州区教委小教科科长，凭借自己丰富的从业经验，给予了我们非常有价值的意见。同时，作为地区教育管理工作的践行者，他从更高的视角和高度，为我们提供了不一样的建议和帮助，极大提高了我们对于地区文化、教育现状特殊性的认识。同时也使我们对地区课程与校本课程的融通整合方面进行指导，给予我们深刻的启发。

而学校的第十任校长，说来近在咫尺，2013年1月肖金茹校长退休，之后受通州区教委的任命，继续担任后小兼职督学工作，平时与学校有着密切的联系。他凭借自己在后小任职时的丰富经验，对后小教学工作的方方面面都有着深刻的了解，这不仅让他在日常督学工作中，可以准确及时地发现学校教学存在的问题，也让他能够从一个监管者的角度来看待学校实际工作的开展。他在与我们的交流沟通中，对学校教学体系中的不足和问题，提出了客观的批评，并给出了改进的有效措施。通过向肖校长学习，我对于学校的管理有了更加深入的理解，为更好地做好学校管理工作提供了重要保障。

后小一位位曾经的校长，无不是从学校复杂烦琐的管理工作以及校园久远的办学历史中历练、熏陶出来的。看到他们，就仿佛看到了后小的精神，看到了后小曾经努力奋斗的痕迹。经过密切的走访、交流，我带领学校教师与几位老校长以及多位校友建立了紧密的联系，能够经常与他们分享校园的进展与改变，共话家常，在亲切友好的交流中，聆听学习他们的经验知识和教学智慧。

在2017年3月，我们更是将几任校长和多位校友请到了学校参加教代会，与他们共同商讨"十三五"时期的学校发展规划。在对学校"十三五"规划的审议过程中，各位前任校长和校友们，都怀着满腔热情参与讨论，提出意见，助力了后小"十三五"规划的合理构建。对于最后成型的发展计划，我校"十三五"规划的制定感到无比振奋，他们认为规划内容丰富、措施具体、全面充实、有力度。在亲切愉悦的气氛中，他们为后小将来的健康发展，提供了暖心的鼓励与祝福。"最是一年春好处，百年后小绘新图。"肖金茹校长如此说道。

工作中，我时常会记起与每一位校长促膝长谈的场景。后小精神的传承、教学的发展，无不是建立在这些前辈坚实的肩膀上。这个事实，让我对学校的文化历史，总是怀着一种责任感和敬畏之情。

二、教师们眼中的后小

作为一个教育管理者，在后小的工作当中，我发现学校的教师们是最为可爱的一群人。他们把自己生活中的点滴心力都无私地奉献给了学生，在送走一届又一届的孩子们之后，将自己的根在后小的这片土壤上越扎越深。对于学校的历史和文化，他们都如数家珍，我深深地感到，如果我真正融入校园的工作当中，在每一位教师身上，我将会获益良多。

因此在每天的工作中，我总是会抽出许多时间与每一位教师交流，聆听了解他们在教学中遇到的故事，分享彼此在课堂上获得的启发，以及了解他们对教学工作的担忧和顾虑。随着每一天了解的不断加深，我从他们给我的信息当中，汇总、描绘出了后小校园、师生们一幅更加立体鲜明的画像。

在一次退休教师来学校活动后，我与80岁高龄的当时任自然课教学的赵洪敏老师谈起她的教学，我深深地被她敬业无私的精神所感动。后小生物馆中，许多她自己制作的标本仿佛一直对师生们讲述着曾经发生在这里的生动故事。

从事英语教学的苏老师，曾经告诉过我一个学生在课堂上开小差画画的事情，当时她压抑住斥责学生的怒火，反而将这一意外转移引导到教学内容上来。不仅化解了课堂上的尴尬，而且用生动的方式将教学和生活中的实际应用结合起来，给学生留下了深刻的印象，这不仅在调动课堂气氛的同时，也收到了更好的教学效果。后小教师在教学工作上的灵活多变和创新精神，不是个例，而是融入在后小的校园文化当中。遇到问题，教师总是愿意从不同角度去思考和寻找解决方法，这样的教学风气，也培养了学生对于创新思维的尊重。在后小任职的日子里，教师、学生不经意间的种种表现和创想，总是令我惊讶。如何将学校这一充满潜力的教学文化发扬光大，成就更好的教学效果，成为我迫切想要研究和探索的课题。

而作为班主任的朱老师，有一次则为我讲述了她与一个单亲家庭学生深入交流，通过和学生、和家长沟通的方式，帮助学生摆脱不良行为习惯的故事。这样的故事有很多，后小的教师似乎总是愿意花更多的精力在学生的身上，学生也愿意接纳他们进入自己的生活。后小的教学工作，从来都不是单纯在课堂上的授业解惑，同时也在对学生品行、人格素质进行培养。这在我看来，也与后小悠久踏实的教学历史分不开。后小在家庭和学校联合教学上所付出的努力与取得的成效是有目共睹的。后小深入影响和参与到每一个学生的生活当中，与学生建立起紧密的联系。这一传统文化的积淀，也为我对后小未来发展的计划有了重要的启发。

为了加深和教师之间的交流，我们还把北京市通州区研修中心的8位研修专家请到学校，举办了一场"回眸点滴话成长，携手共进再超越"的研讨会。在会上，我怀着满腔的热忱，以"欢迎回家、共话家常、家族兴旺"为主题的致辞欢迎他们。当时场面热烈而温暖，几位校友在愉悦的气氛中和大家积极分享。从他们自己的成长体验到他们在后小工作中一个个感人至深的故事，各位教师深情互动，同校情谊溢于言表，很多教师甚至流下了感动的泪水。

在会上，苏金良院长在会议最后总结了一首诗来表达感触：

> 百年端蒙复端蒙
>
> 夫子木铎听心声
>
> 三我铺就教育梦
>
> 立德树人汝于成

我也情不自禁地回诗一首，表明今后学校的发展方向：

> 端蒙百年复端蒙
>
> 三我教育更进行
>
> 文化育人新常态
>
> 不断超越启航程

走近每一位教师、每一位校友，看到他们每天所从事的教学工作，和他们一起战斗在育人工作的第一线，这样的体验，总是能够让我深深融入其中，尤其是在后小这样一所特殊的学校。

三、"求真·务实·超越"，继承百年精神

当我第一次走进后小的校园时，就感觉到这里有不同的气氛。有着悠久历史的后小校舍，新旧结构交错有致，一座座教室、场馆，鳞次栉比地连接在一起，仿佛把岁月和时代的变迁刻画在校园之中。

后南仓小学的校舍是在1980年搬到现址的，在风风雨雨中经历了四十年，仿佛也是我校办学生涯的一份写照。同样在教育教学工作岗位上奋战了三十多年的我，回顾过去时，总是不禁感慨万千。

是什么力量让后小百年来经久不衰，代代流传？是什么力量让后小教学质量优异，人民满意？在她的身上，一定是有一种精神的，正是这种精神被代代后小人所传承，并不断发扬光大！

经过同全校教师不断地探访和研究，回眸建校历史，聆听前辈教诲，采纳学生意见等，我们总结出了学校的百年核心精神和真正优势所在——"求真·务实·超越"，具体来说就是：

求真：品行端正，学做真人；立德树人，教人求真；尊重科学，追求真理。

务实：实事求是，诚实担当；严谨治学，脚踏实地；勤于实践，笃行致知。

超越：锐意进取，开拓创新；善于研究，精益求精；不断改进，追求卓越。

后小的求真，是一以贯之的悠久传统，综合了传统道德追求真实的理念和现代科学笃信真理的特点，这是后小处于这个独特的历史、地理和人文环境中形成的宝贵的文化遗产。很少有一所学校，将这两个方面结合得如此平衡，并且相辅相成。在后小成长的学生，在后小工作的教师，都能在每一天的校园生活中感受到这种仿佛家庭般的温暖关怀，受其激励，不断前进、寻找真理的存在。

务实，又是后南仓的仓文化之核心，任何一个后小人耳濡目染后，都会不自觉地对空泛、虚假的理念保持警惕。追求事实、脚踏实地几乎变成了一种习惯。这种学校上下共同分享的特质，是每一个学生离开校园时都会长久带在身边，而当他们成为校友回到这里时又会是不断被唤醒的回忆。

求真和务实，如果真正笃行不辍，量变引起质变的必然结果就是超越和变革。不是盲目地去激发"创造力"，不是强迫学生、教师去做到"完美"。后小的"超越"是一个动作，是一个方向，而不是一个固定的目标。这是后小有别于其他学校的一大特点。将素质教育落到实处，从而激发和促进孩子的成长，让孩子从内心体会到成长的快乐，养成不断超越自己的习惯，这是后小最核心、最有价值的教育追求。

第二节　挑战：在新时期找到学校定位

一、新的定位，我们与通州一同改变

2019年1月11日，北京市级行政中心正式迁入通州城市副中心。这一变化，是北京地区经济发展的必然，也是国家对京津冀地区战略调整的重要举措。处于这样一个历史变迁的位置，通州的教育也将随之发生巨大的变化。

其实，在通州地区教学这些年来，我也可以明显感觉到国家对通州教育的支持力度在逐渐加大。2017年，北京市发布了《通州区基础教育质量提升支持计划（2017—2020年）》，这是北京市首次专为一个地区的基础教育制定升级计划。

新的历史定位，使通州区成为北京市基础教育综合改革的试验区，先进的教育理念、多样的办学合作方式，将不断引入通州地区，在广大中小学中进行尝试和改进。能够参与到这样一场重要的教育实践当中，助力副中心教育事业向前推进，是每一个教育工作者的荣幸。但是，面对新的形势，对通州地区的每一所学校、每一位教师来说，挑战与机遇并存。

副中心落户通州以来，不断有市级优质学校迁至通州，名校办分校、集团化办学让本地学校充分与市级优质校连接交流、资源共享。北京市教委还启动了"市级支持提升计划"，通州区每一所学校的校长都参加市级支持提升计划项目，不断提高自己，以办好学校。

这样的环境背景，激发了每一所学校的办学潜能，给学校的管理团队、教师和学生带来了难得的发展机会。如何让后小在这样的环境中脱颖而出，发扬学校百年教学经验的优势，成为能够代表地区基础教育发展方向的优质学校，令我不断思考。

结合这些年国家对通州传统文化大力发展的要求，后南仓小学需要在这样的一个时期找到自己最核心和准确的定位，因为我们需要面对的不仅是本地区优秀学校的比较，通州在接下来的教育改革中，将通过引进北京优秀院校来提升本地的教学水平。后小将要面对的竞争是激烈的，压力也是巨大的。

面对这样的变革，我组织学校的干部、教师们反复讨论，最后，我们得以发现并达成一个共识，那就是后小必须从原有的教学模式中走出来，同时又要将原有的教学经验和优势一同继承。只有这样，后小才能形成既适应时代发展，又能够代表通州地区文化的独特学校，才能够凸显自身最准确的定位。

从某种意义上来说，后小在这一时期所面临的境遇，与通州地区是非常相似的：彼此都面临如何在保持自身文化的基础上创新突破的巨大挑战。因此，我想后小的成功应该也会和通州地区的改革成功相联系在一起，所以学校应当在这样一个变革时期，和通州的发展共同进步，为地区教育水平的提升作出自己的贡献。

二、"十三五"，后小进步的阶梯

随着国家"十三五"规划的提出，后小的教学改革也进入了新的阶段。了解国家在这个时期对于教学工作的需求，对于后小将来的教学计划是否能取得理想的结果，是否能在原有的基础上产生突破，有着至关重要的决定作用。

（一）新时期、新环境、新要求

回顾往昔，在"十二五"时期，我国教育改革取得了阶段性的显著成就，社会主义核心价值观教育深入推进，立德树人根本任务有效落实，学生思想道德素质持续向好，教育现代化取得新进展，为促进经济发展、社会和谐、文化繁荣作出重要贡献。随着"十二五"规划的圆满收官，我国教育事业进入了提高质量、优化结构、促进公平的新阶段。

在这一时期，我国发展仍处于可以大有作为的重要战略机遇期，也面临着诸多矛盾叠加、风险隐患增多的严峻挑战。从世界范围来看，人们的生活正在经历世界多极化、经济全球化、文化多样化、社会现象信息化的巨大变革，而新一轮的科技革命和产业变革正在蓄势待发，随时准备改变人们的日常生活。互联网、云计算、大数据、智能机器人、3D打印等技术的出现，令人们的思维、生产、生活和学习，都面临着巨大的挑战，同时蕴含着与以往不同的契机。

在这个特殊的时期，如何优先发展教育事业，构建符合现代社会要求的教育体系，构建一个能够持续学习的社会，为国家的需求培养大批创新型的人才，是全人类共同面临的重大课题。在这样的要求下，我们需要认真应对出现在我们面前的诸多复杂问题，为实现国家的可持续发展作出贡献。

从国内看，为了深化国家战略布局，推动经济的持续增长，国家迫切需要优化人才培养机构，加快培养各类紧缺人才。新型城镇化加快推进，人民群众生活水平和质量普遍提高，生育政策调整，学龄人口、劳动年龄人口规模结构改变，人口老龄化速度加快，社会对教育的需求发生了结构性变化——对高质量、多样化的教育需求日益增长，教育体系、结构和布局，都面临严峻的挑战。教育已经成为推进优先发展，提高国家发展水平的最基础环节，重要的地位日益提升。

从教育领域本身的变化来看，当今世界正在经历革命性的变化。如何确保包容、公平和有质量的教育，如何促进全民能够共同享有终身学习的机会，是新时期国家乃至世界教育发展的新目标。

教育与经济社会发展的结合也更加紧密，以学习者为中心，注重能力培养，促进人的全面发展，全民学习、终身学习、个性化学习的理念日益深入人心。教育模式、形态、内容和学习方式正在发生深刻变革，教育管理呈现多方合作、广泛参与的特点。

（二）我国教育发展存在的问题

1. 科学的教育理念尚未牢固确立，促进学生全面发展的育人模式与环境有待完善，学生创新能力的培养有待加强。

来到后小以后，我就发现，后南仓小学对这一问题的重要性有着深刻的认识，并且在学校一直以来的工作中，对科学教育和学生创新能力的培养有很多关注和尝试。从20世纪80年代起，我们学校就一直在推进科技教学的办学方针。通过让学生在校园生活中接受更多的科学知识教育和科技实践课程，后南仓小学成为通州地区拥有领先科技教学体系的学校。充足且多样的科技课程，为学生提供了多视角了解、多场景体验的学习环境，让科学从枯燥的课堂走入学生的生活。

通过动手、动脑课程，每个学生都获得参与的机会，以集体、团队的形式共同成长。最终，科技教学成为后小的核心精神之一，持续对学生产生正面的影响。在这种精神的陪伴下，后小的学生获得了全面成长的机会，养成了创新思维的习惯，增强了发现问题、解决问题的自主能力。学生将这种科学严谨的学习习惯融入他们的个性品质培养中，让他们在离开学校后，也能不断自我改善、进步，成为国家需要的核心人才。

2. "十三五"也指出：教师队伍素质和结构不能适应提升质量与促进公平的新要求；学校办学活力不强，促进和规范社会力量参与举办教育的法律制度和政策体系亟待完善，多方参与教育治理和评价的体制机制还不健全；教育对外开放的水平不够高；教育优先发展地位需要进一步巩固。

在认真研究这些问题以后，后南仓小学反思了存在于自身校园中教师团队和教学制度的不足。后小是一所百年学校，随着历史的积淀，后小的学习传统、教学经验虽然不断积累，但是由陈旧的教学方式和落后的教学思想造成的问题也再不断累积。在满足后南仓地区教学需求，为广大学生、家长提供可靠的教育服务的同时，在校教师的教学活力逐渐减弱，对外交流也未能满足。

为了解决这些问题，后小教师、干部毅然响应国家号召，认真研究自身缺陷，正视问题，并提出了行之有效的解决方案。反思过去，适应时事，与区教学团队共勤共勉，互通知识经验。接受来自教师、学生、家长、教育界同人的建议与批评，从而建立了严谨、自律的行政管理和教学体系。后小对教学效果采用统一、科学客观的方式进行理性评价，成功总结每次教学的经验，令课程体系不断进化，改善了许多存在的问题。

评价体系的建立，也让教师有的放矢，能够正确认识自己教学中存在的问题，找到符合自己的改进方向。并且在每一次改进后，能明确地看到改进效果。每一次学生、家长们的反馈，每一次学校干部、骨干教师提出的意见，都对评价体系的完善提供了帮助，同时这也极大地促进了教师的教学、学习热情。

与区内其他学校的教学交流更是让校园的教学改革氛围进一步强化，在通州区带头形成了热火朝天的教学改革氛围，响应了国家提高教育事业地位、优先发展教育的精神。

3.重视人才是未来趋势。

"十三五"精神明确指出：人才成就未来，教育成就梦想。人才和人力是国家最大的资源，今天培养的人才将是实现第二个百年奋斗目标的主力军，教育必须承担起实现中华民族伟大复兴中国梦赋予的历史使命，毫不动摇地坚持中国特色社会主义教育发展道路，不断深化对中国特色社会主义教育发展规律的认识，树立科学的教育发展观、质量观、人才观，以更加奋发有为的精神状态和踏石留印、抓铁有痕的工作作风，勇于实践，善于创新，不断实现改革新突破，迈上发展新台阶。

这种对教育事业的重要性的客观而深入的洞见，和后小坚持将学生培养为全方面均衡发展的新时代人才的目标不谋而合。后小一直坚持尊重人才、培养人才的教学理念，相信每个学生都有认识自我的需求、发展自我的权利和创造自我的潜力。帮助学生在科技教育、道德教育、艺术教育、体育教育和文化教育中找到自己的长处，弥补自己的短板，成长为能够为中华民族伟大复兴作出贡献的优秀人才，这是后小一直以来的终极教学目标。

而要实现这一目标，单靠师生的教育、学习热情是不够的，教师必须深刻理解中国特色社会主义教育道路的发展规律，树立正确理智的教学观念，在实践中不断实验，不断发现，创造出扎实、可靠的教学模式，一步一个脚印地将人才教育的目标落实到教学工作当中。

在"十三五"的指导思想中，要求全面深化教育改革，提高教育智力、优化教育结构、促进教育公平，加快推进教育现代化，将教育工作提高到国家优先发展的战略位置。

4.研究制定学校"十三五"规划，全面落实立德树人根本任务。

"三划"能力的提升是UDS项目学校发展的重要路径。"规划"是三划中最宏观、最重要的一项内容，它是学校未来一段时间发展的蓝图。2016年，是"十三五"实施的开局之年，又恰逢通州区被确定为北京城市副中心，值此契机，在项目的引领下，作为通州区一所百年学校的校长，我把思考学校的发展，谋虑学校未来五年的规划，作为学校发展中的一件重要大事来做。

制定学校的规划是一个复杂而辛苦的过程，是一个不断学习、反思、提高的过程，是一种深深体味教育幸福的过程。纵观我校规划的形成历程，我最深的体会是：规划从无到有，从青涩到比较成熟，它在我们学校中成长！

下面我就按照时间顺序，讲讲我们学校规划的"成长故事"。

第一阶段：培训会后策"规划"

2016年3月5日，我和班子的其他成员一起，参加了项目组组织的培训活动。会上，大家聆听了景晓霞、杨芳校长做规划的体会，聆听了杨教授的讲座及几位专家的发言。当时，我对学校为什么要制定规划和怎样制定规划有了初步认识，同时也把这项工作提到了议事日程。

回到学校后，我立即组织召开行政班子会。班子会上，大家及时消化培训内容。我和几位干部分别谈了培训体会，对学校规划制定的重要意义的认知，紧迫感油然而生。

我们将学校规划的制定列为项目负责的范畴，这个项目由我主动认领了。"工欲善其事，必先利其器"，要办成一件事，一定要事先进行筹划、安排。校长亲自负责规划制定工作，是确保学校规划成功制定的必要条件。我通过调研、酝酿，亲自制定了《通州区后南仓小学

"十三五规划"项目策划方案》，对规划整体工作进行细致安排。2016年6月5日，项目策划案出台了！

6月5日，星期一，我校雷打不动的班子会时间，《策划案》与大家见面了。方案从"规划编制的背景与目的、原则、依据、组织和领导、任务和分工、进度安排以及具体要求"等方面，作了具体说明。班子会上，我组织全体干部认真学习，充分讨论，做到人人明白我们要做什么，人人知道我们将怎么做。

第二阶段：走访反思炼精神

2016年，后南仓小学已有113岁了！百年栉风沐雨，百年立德树人。2013年1月，后南仓小学被命名为北京市"百年学校"，办学经验和办学历史被刊登在《薪火相传，历久弥新》一书中；同年，首都教育网站以《大气成就大器》为题，报道了我校的百年文化建设；2016年，我校办学经验被刊登在《通州百年老校》一书中，同时，宣教部以《承历史古韵，沐时代新风》为题，拍摄了我校宣传片。这些宣传报道在社会上引起强烈反响。在欣喜之余，我们驻足回眸，一直在思考这样的问题：百年后小，她的身上到底有着一种怎样的精神，世代激励着这里的师生孜孜不倦，砥砺前行！

我带领学校班子研究后达成共识：制定好学校规划，先要弄明白学校的过去，而研究办学历史应采取"查阅百年资料与走访调研相结合"的形式。于是，我们将学校现存的档案历史资料作为认真研究的材料，同时，更注重与现实人物面对面的交流互动。

首先，我们走访历任老校长和退休教师，征求他们的办学经验及建议。历任校长的办学态度与治学精神令我们感慨；每一位后小退休教师那份兢兢业业的工作态度和爱校如家的情怀令我们动容。

其次，请回"研究专家"老校友，为学校发展出谋划策。2016年7月11日，我们将还在我区研修中心的8位研修专家请回学校，以《回眸点滴话成长，携手共进再超越》为题，共话家常。随后的一段时间，几位研修员完成学校书面调研题目。把研修员请回家，让他们参与对学校发展的思考，对学校精神的提炼，对发扬后小精神起到了极大的推动作用。

最后，通过校内外活动，借势反思提升自己。一年来，学校陆续参加和经历的一些校内外活动，让我们学会借势反思提升自己。2014年9月至2015年10月，通州区教师研修中心为期一年的区校联动综合视导活动，对学校也是诊断、指导、提升的过程；2016年3月、5月，区研修中心教科研部、语文教研室对我们进行相关工作诊断、视导，对学校专业发展起到指导推进作用；2016年4月26日，区政府督导组对我校三年来实施素质教育整体情况进行督导，学校将进一步传承优势，找到发展空间；2015—2016年度内，广泛开展了调研活动：学校采取下发调查问卷、组织座谈会、邀请家长参加活动等形式，多次征求教师、学生以及家长乃至社会各界意见，集思广益，共谋学校发展；2016年4月，学校参与北京市文明校园争创活动，我们认真听取专家、学者的悉心指导和建议，比如，学校起初的名字叫端蒙，如何将这种精神传承等；2016年5月起，参加北京市科技教育、艺术教育、国防教育示范校的评选，这个过程也是对学校现在工作的总结反思及提高的过程；2016年11月17日，刚刚上任分管我区教育工作的副区长雷晓宁来我校调研，对学校办学提出了宝贵建议，对学校必须传承百年后小精神提出具体要求，必须保住后小的金字办学招牌。

纵观学校历史，聆听领导教诲，采纳师生之言，我们经过深度思考，总结提炼出学校的百年精神——"求真·务实·超越"。与此同时，我们用SWTO分析法客观分析学校情况，找准未来发展方向，客观地分析了学校发展的优势与不足，找准学校发展的新增长点。

我们认为，制定学校规划，要不忘校史，以史为鉴。不忘初心，传承精神，方可走得长远。我们重新定位学校发展目标，确定发展方向——弘扬百年精神，深化"三我"教育，提升教育质量，打造北京城市副中心的百年品牌学校。

第三阶段：群策群力写规划

经过多方走访，借势反思凝炼学校精神之后，我和几位分管干部按照分工，分别对自己部门的规划进行了策划与撰写。我们秉承"让策划走进基层"的理念，让分管干部走进教研组、年级组，召开座谈会，带着规划问题，听取教师意见；我们还召开学生干部、学生代表座谈会，倾听学生的声音。每位干部还组织分管部门教研组长会，听取组长意见。之后，干部们几易其稿，不断修改，直至2016年7月，上交学校办公室。办公室主任整合汇总，我再整体把握，贯通整理。2016年7月19日，初稿就出台了！

学校各个部门围绕办学总目标，体现办学思想，落实"三我"教育理念，各自做了详实的规划，将其统合在一起，就成了学校的规划。看看字数，足有24913个字！

第四阶段：齐心协力改规划

首先，专家为我们的规划问诊把脉。记得是2016年12月23日晚上，我把学校规划初稿发给杨朝晖教授。发过去后，我有一种特别轻松的感觉，因为从2016年3月开始，我们就进入规划制定模式，那一刻我们终于完成任务了！终于可以松一口气了！可是，好景不长，第二天一大早，我就接到杨教授的信息：规划我已看过，具体意见见文本回复！天哪，难道杨教授是连夜给我们改的？

看到修改文本，第一感觉是"蒙"了！杨教授认真看过后，给我们以提问式做指导，一共提了70个问题！

其次，"移、删、梳"三种策略改规划。"蒙"过之后，我马上组织班子成员学习、修改！针对70个问题，我们反思归纳出主要问题：学校发展总目标不明确；规划是个大筐，把学校大事小事都装进去了；内容混淆不清；没能跳上云端话发展；没有突出重点发展领域；等等，因此我们决定对规划采取"移、删、梳"的修改策略。

将学校理念体系建设内容全部迁移到《学校文化手册》中；将详细的学校课程建设内容迁移到《课程建设方案》当中；删除规划中所有空话套话、过多的描述性语言和日常常规工作……

最难的还是"梳"的工作。2017年1月9日，我们邀请万福院长、高玉兰校长来校指导。首先，我们要找准自己在哪。理清办学理念体系框架，明确科技教育办学特色即将迈入第三阶段，校本课程体系进入3.0版，哪些是我们的真正优势与不足……其次，我们清楚自己将去哪。把空泛的办学目标具体化、适切化。我们将学校今后的发展任务用十个方面分类整理，分别设定为发展任务和保障措施。确定了一个中心、五个体系的主要任务。

2017年2月23日，杨教授再次对我们进行远程电话指导，要求我们抓大放小，一定要梳理出学校发展的重点项目，然后作出年度推进计划。2017年2月27日，我和班子成员用思维导图的方法，梳理出学校发展的5个领域的13项行动，并制定出今后几年的发展进程。

几位专家的指导使我们受益匪浅，我也逐渐从迷茫中走出来，不断清醒地认知学校的现状，明白应该向着什么方向走下去。一年来，杨教授、张梅青校长、万院长都不止一次到校给我们指导工作，高校长更是一直陪伴着我们。制定规划的过程中，我们经历了兴奋、迷茫、困惑、学习、提升的过程。这一切的进步，我们觉得应该归功于项目的引领，归功于专家的指导。

最后，全校教师参与讨论修改规划。2016年12月，我们又组织学校全体教师人人审议，组组讨论，广泛听取大家意见，再次进行规划的调整。2016年8月至2017年3月，我校的规划不断修改，每一次修改，都是以日期来命名的，共16个日期！最新版本是2017.3.1。

第五阶段：教代会上通规划

2017年3月24日，学校召开五届三次教代会，中心议题就是讨论通过学校"十三五"规划。除了我们32位教代会代表参会外，我们还邀请到区政协主席同时为我校校友的赵玉影主席，区教育工会石春江主席，小教科、研修中心领导，校友代表，特别邀请了曾任我校第八、九、十任校长的宁珩、耳友深、肖金茹校长，学校还邀请了部分家长代表和学生代表以及学校非代表教师前来参会。会上，工会主席李桂芳作了教代会召开背景介绍，副校长吕桂红介绍我校规划制定大事记，我作了学校"十三五"规划的宣讲，李宝国副校长宣读13项行动计划。之后，代表、教师、家长、学生、嘉宾纷纷讨论，各抒己见，为学校发展建言献策。大会上，每位嘉宾、领导的发言都充满真情与热情，都给予我们的工作与未来设想以肯定。赵主席、苏院长、赵校长当初作为后小教师时的认真工作态度和严谨教学精神，几位老校长潜心办通州最优秀的学校的决心与行动给在场的每一位干部教师以深深的感染，特别是86岁的宁校长说到自己在百年后小奋斗了33年的时候，会场上响起了热烈的掌声！我知道，这掌声里有感谢、有敬佩，同时也有决心、有传承！接着，代表、教师纷纷畅谈感想，诉说体会。最后，全体代表一致举手表决通过了学校规划！

第六阶段：不断反思悟规划

学校规划终于出台并得到专家、领导、校友、教师的认可，我们很是兴奋，但是，静下心来思索，我们的规划还是有这样或那样的不如人意，需要不断完善。在项目组的引领下，在认真进行规划的制定过程中，我们有着许多感悟：

首先，规划的制定过程促进了我们思维方式的转变。以往，许多学校在做大的总结、计划乃至规划时，往往都是分管部门和干部分头撰写，然后归总在一起，加上开头结尾即可。我校亦是如此。这次规划的制定过程，彻底颠覆了我们原来的观念——规划就是各部门工作的相加，只要各部门都写好写细致，就是很好的规划。

我们更加清晰地认识了规划是什么，规划为了什么，规划形成的过程是什么，从规划的制定中我们又得到了什么……

学校的任何一项工作都必须围绕"学生发展"这个中心，把学生放在正中央，尊重教师，尊重历史，求真务实，敢于超越，改进于日常，特别是要改变习以为常，只有不断改变，才能发展得更好。

其次，规划制定过程就是明晰学校办学理念的过程。规划制定过程中，我们不断反思、梳理学校的办学理念，使得学校理念文化更加清晰。我们弄清楚了办学思想、办学特色、发展目标的内涵以及它们之间的关系，知道了我们的办学特色发展已经进入发展的第三阶段；课程建设框架更加清晰明了，以科技教育为核心的校本课程进入3.0版，课堂建设的目标更加明确和具有可操作性。只有理念清晰，方向明确，学校才能科学发展。

最后，规划的制定过程是以学生为中心的学校不断成长的过程。规划制定的过程，我们觉得就是学校成长的过程：我们的办学理念得到了成长，办学特色得到了成长，课程体系得到了成长，校长、干部、教师的教育智慧得到了成长！

我很欣赏科幻作家阿瑟·克拉克在墓志铭上刻着的一句话："我永远都没有长大，但我永远都没有停止生长。"对于一所学校而言，又何尝不是这样呢？让规划在学校中生长，是保证学生健康成长，实现立德树人根本任务的重要保障。

第三节　发展：创新的"三我"理念

"工欲善其事，必先利其器。"对于教育工作者来说，他们的工具，不只是对专业知识的熟悉掌握，或丰富的课堂教学经验，抑或对待学生们充沛的热情和耐心。对于教师而言，最重要的应该是他们对教育这一事业的深入理解，对教书育人这一工作的正确认识，是行之有效的教学方法，是直指教育真谛的指导理念。

小学六年，看似漫长，但是在学生成长的道路上，却是一段争分夺秒的旅程。如何让学生在学校的学习生活中少走弯路，培养正确的观念和能力品质，是每个教师都应该深入思考研究的重要课题。而作为一所学校的校长，在这样一个决定教学效果的核心问题上，我应该走在探索发现的前列，带领大家回顾过去总结经验、展望未来提出创想。我想像曾经为后小无私奉献的每一任校长前辈一样，把自己的智慧和热情都奉献给这所拥有百年历史的学校，帮助她在原有的成绩上，走得更远、飞得更高。

那么，为了实现这个目标，我们的后小在这个崭新的时代，需要的究竟是一种什么样的教学理念呢？后小与她周围历史、文化、环境的变迁，究竟带给我们什么样的启示呢？我陷入了深深的思考。

一、"三我"理念的提出

后南仓小学的前身是名为"端蒙"的一所教会小学，1918年至1942年间归属潞河中学，名为通县潞河中学附属小学。当年陈昌祐校长提出了"人格教育"理念深入人心，"三育齐备、全面发展"的教育主张为今天的学校发展奠定了基础。

20世纪80年代初，学校前瞻性地提出"五个课堂"的总体规划，形成了教学课堂、兴趣小组课堂、校园环境课堂、家庭教育课堂、社会教育课堂"五位一体"的教育网络，拓宽了学生的视野，为学生开辟了丰富的学习空间。在几位优秀科学教师的指导下，学校科技兴趣小组中，航模、车模、舰模、生物标本、气象观测、无线电等小组的开展在我区一直处于领先地位。

1988年，邓小平同志提出"科学技术是第一生产力"理论后，学校思考：如何在教育教学中突出科技教育特点，提升师生科技素养？1991年，学校明确提出了"科技教育"的办学特色。1995年，国家"科教兴国"战略的提出，更加坚定了我们的决心，学校继续把"深化科技教育，促进学生全面发展"作为特色办学课题加以研究和实践，我校优秀科技教师队伍不断壮大，在他们的带领下，科技小组、科技活动更加丰富多彩，成绩喜人。学校科技生物馆的建成、现代化教学技术手段的普及运用都发挥着重要作用。学生科学素养不断提高，学校多次获评市区科技教育先进学校。

近年来，在继承学校发展传统的前提下，在习总书记"我们要在科技创新方面走在世界前列""大力培养创新型人才"的精神指导下，在新的课改理念引领下，我们进一步思考：如何传承百年学校教育文化？如何将科技教育的学校特色由项目、活动、课程提升为一种学校的教育思想、精神、品质，进而形成一种学校文化，让它弥漫校园，影响学生的一生？由此，我们深度思考，学校科技教育的核心是什么？它的落脚点又是什么？经过自下而上、自上而下的多番讨论，"我发现·我实验·我创造"的"三我"理念，成为我们的思想共识、情感共鸣、精神共振，成为我们"立德树人，以文化人"的最强音。

二、"三我"理念的内涵

基于学校的发展和现状，我们重新梳理了学校的办学理念体系，进一步明确了学校的办学特色——科技教育，并将科技教育核心理念确定为"我发现·我实验·我创造"的"三我"理念。

"我"指学校育人的主体——学生，而且是每一个学生。

学生"三我"品质具体体现为：

学生在学习过程中，始终占据主体地位，突出主动特征，通过倾听、阅读、观察、表达、动手、思考、议论等方法，能够主动去发现知识的内容、内涵、规律以及与其他事物间的内在联系；发现世界上、自然界中美好的事物；发现问题所在；发现教师、同学、家长身上的优点；发现自身的特点以及长处和不足等，不断提高自我的观察能力和辨别能力。

在学习过程中，要勇于尝试，敢于实验，勤于动手，不断思考，乐于实践，从中体会、感悟知识的形成过程，尽可能地从实践中习得知识。

在学习过程中，好奇心强，能够积极思考，提出问题，善于探究，能够解决一定的问题，思维灵活，具有创新意识和创新精神。

简要表述为：

我善发现：保持好奇　善于观察　敢于质疑

我勤实验：勤于动手　科学探究　合作交流

我敢创造：心态向上　兴趣广泛　思维活跃

发现、实验、创造三者之间既相互联系又相互包含，既相对独立又相互制约，形成闭环，又呈螺旋。

培养"三我"品质对教师的要求：

教师在教学过程中要主动发现所教学生的特点，发现每一个学生的长处和不足，发现学生学习中的真需求，发现学生的真问题。发现自身的特长和不足，发现其他教师的好做法，不断尝试和改进自己的教学方法和策略，具有创新精神，不断超越自己，实现教育教学水平的最优化。在教育教学过程中以学生为本，突出学生主体地位，运用恰当的教学策略和方法培养学生"发现·实验·创造"的品质，激发学生在学习过程中主动学习、善于观察、勤于思考、勇于实践、长于合作、大胆创新的精神。

培养"三我"品质对学校管理干部的要求：

干部要有敏锐的洞察力，能够发现学校各年级各班学生的现状，发现学校教师的思想动态及教育教学等情况，发现学校及自身管理的优势和不足。在办学理念体系的统领下，不断尝试创新管理方法，积极践行"三合一"管理模式，指导教师践行"三我"理念，并不断总结、反思、提升，提高工作实效，在管理实践创新上追求新的突破。

培养"三我"品质对家长的要求：

在教育孩子以及配合学校共同育人的过程中，能够发现自己孩子的特点，发现他们身上的长处和不足，发现其他孩子的特点，并不断尝试最佳的教育方法。时时处处为孩子作出表率，配合学校对孩子进行正确的教育和引导。伴随孩子的成长，不断探索家庭教育的新方法，引领孩子健康成长。

理念是学校发展之魂，它引领学校各项工作的开展。2015年4月17

日，我代表学校在北京市第二批学校文化建设示范校大会上作交流发言，演讲了《创建"三我"文化，启迪智慧人生》，受到了大家的好评。

第四节 践行：在新时代传承仓文化

一、仓文化——跟着运河去探究

2017年2月24日，习近平总书记在考察北京城市副中心时指出，通州有不少历史文化遗产，要古为今用，深入挖掘以大运河为核心的历史文化资源，保护大运河是运河沿线所有地区的共同责任，北京要积极发挥作用。

后南仓，因漕运而得名，因运河而发展。后南仓小学，有这样得天独厚的条件，传承仓文化，弘扬运河精神必是我们的使命担当。学校构建以运河文化为主体的校本课程体系，即仓文化课程体系。仓文化课程以运河为纽带，以与运河相关联的事物为探究对象，引导学生了解运河，了解历史，培养科学探究的学习方法，进而激发他们热爱家乡、热爱祖国的情感。具体以"跟着运河去寻仓""跟着运河去寻桥""跟着运河去看船""跟着运河走古镇""跟着运河访书院""跟着运河探漕运科技""跟着运河寻民俗"等为探究主题，进行实践研究和项目式学习活动。

二、"寻仓探蕴"收获大

2018年是后南仓小学建校115周年，学校百十五华诞正逢新的时代，也是国家改革开放40周年的日子。我们以"寻仓探蕴"为主题，进行探究活动，在活动开幕式上我作了以下几点分享：

第一，就我们的学校而言，我们应该开展"寻仓探蕴"活动。

孩子们在这里度过六年的小学时光，后南仓小学的名字是怎么来的？她跟什么有关呢？后南仓又是怎么得名的？古代、现代的仓有什么不同？它的作用是什么？仓中的科技因素有哪些？这些都需要我们去探究、去发现！

2018年是我们后南仓小学建校115周年，百余年来，后小是如何教书育人的？后小发生过哪些感人的事迹？有哪些优秀的学生？后小的前世、今生和未来是什么样子？都需要我们去探究、去了解，需要我们用实际行动庆祝学校建成115年！

第二，就我们的家乡而言，我们应该开展"寻仓探蕴"活动。

同学们一定听说过这句诗吧："无恙蒲帆新雨后，一支塔影认通州！"我们的家乡是通州，仓与运河、仓与北京城有着怎样的关系？通过探究实践活动，你们会对家乡更加了解，更加热爱！北京台曾经播放的《这里是通州》，讲的就是我们的家乡，大家一定要看看，你们的收获会更大！

第三，就我们的同学而言，我们应该开展"寻仓探蕴"活动。

科技教育是我们的办学特色，它的核心内涵是"三我"理念。在寻仓探蕴活动中，"三我"伴你行，助你成长，你会收获"发现、实验、创造"的快乐！

第四，就我们的教师而言，我们应该开展"寻仓探蕴"活动。

立德树人是我们的根本任务，教书育人是我们的使命。这次主题实践活动是多学科实践课程的整合，我们要在这次活动中培养学生的综合实践能力。我们要陪伴学生，指导学生，做活动的参与者、学习者。

从2018年11月23日至12月28日，一个多月的时间里，我们全校学生、教师都行动起来，开展了扎扎实实的探究学习实践活动，取得了阶段性的成效。在活动闭幕式上，我又进行了五点总结：

第一，本次的"寻仓探蕴"活动，是后小每一个学生都积极参与的一次主题实践活动。

"大气成就大器，为每一个孩子的智慧人生奠基"是我们学校的办学思想。在这次活动中，学校、教师遵从"发现每一个，尊重每一个，培养每一个，成长每一个，绽放每一个"原则，为每一个学生搭建学习发展的平台，印发导学手册，指导学生学习。今天的展示活动更是我们每一名同学都积极参与的活动，它使孩子们得到了充分的展示。

第二，本次的"寻仓探蕴"活动，是孩子们"三我"品质历练、养成的良好契机，是爱学校、爱家乡、爱祖国的良好途径。

"我发现·我实验·我创造"的"三我"理念，是我校科技教育的核心理念，我校的育人目标就是培养"具有'三我'品质、全面发展、快乐成长的智慧少年"。历时一个多月的活动，相信"发现·实验·创造"的行动会伴随学生的每一天，对学生"三我"品质的形成起到积极的助推作用！通过"仓"文化的探究性学习，更加深了学生对学校的热爱，对通州的热爱，对我们祖国的热爱。

第三，本次的"寻仓探蕴"活动，是后小百年精神再次验证体现的过程。

"求真·务实·超越"是我们这所有着115年办学历史的学校的百年精神，代代后小人教书育人，脚踏实地，不断前行。本次活动，是我们后小师生教育活动的真实体现，是我们"尊重科学，勤于实践，不断进取"精神的真实体现，也许我们的学生学习结果还不能达到开始的预期，但是，我们更看重的是过程的参与，是孩子们今天及以后的持续学习能力的提升！

我们的年轻教师走出校门，对学校的部分退休教师、校长进行采访，他们倍受感动，从前辈身上再次验证了我们的百年后小精神！

第四，本次的"寻仓探蕴"活动，是改革开放40年后小成果印证的展现过程。

1978—2018年，40年来，后小潜心素质教育，立德树人，不断改革创新，努力提升教育品质。一批批学生在这里健康成长，后小也收获着改革开放的成果。所有教师、校友在整理自己的工作印迹的同时，不禁感慨：百年后小，底蕴深厚，教书育人，不断前行！

第五，本次的"寻仓探蕴"活动，是上级和社会各界关心、支持学校办人民满意教育的具体体现过程。

我们的活动得到上级领导的大力支持，得到学生家长的拍手称赞，得到兄弟学校的友好相助；我们的活动更是得到相关资源单位的鼎力支持！在此我代表全体师生对大家的支持与帮助表示衷心的感谢！

本次活动，让师生从中收获不少，使课程更加丰富。今年我们在银川举办的全国课程联盟校展示活动中作的交流展示，得到了好评，得到了专家同人的赞扬。

务实向上，传承发展，让我们这所百年学校不断焕发出新的勃勃生机。

第三章 队伍建设——求坚实

教育大计，教师为本。如果要实现立德树人的根本任务，就要坚持筑牢教师队伍建设的坚实根基。

第一节 管理变革，促进干部成长

2014年初，我们参加了北京市教委支持项目——"基于UDS合作下的学校自主发展行动计划"的实践研究，U是指大学（University），D是指地区（District），特指地方教育行政部门，S是指学校（School），UDS代表三方构成合作共同体。我们合作的大学是首都师范大学，地方政府是指通州区教委（小教科），学校是指后南仓小学。几年来，在项目的引领下，学校内涵不断得到发展。

UDS项目负责人，首都师范大学杨朝晖教授指出：学校领导对于学校文化的形成起着重要的作用。不同的领导风格、管理方式会形成不同的学校氛围以及学校成员之间的相互关系。尤其是领导团队秉承的教育信念、假设思维、教师观念、思维方式、工作习惯等，对学校的整体发展起着至关重要的作用。由此，项目提出"自上而下，启动变革"，在项目的引领下，我们做了一些管理尝试。

一、提升"三划"能力，争做"三成"好干部

"三划"即规划、计划和策划。UDS项目组提出"学校因规划而长

远、工作因计划而扎实、生活因策划而精彩"的理念，围绕这样的工作理念的教育实践，让我们真正走在改进的路上。学校规划、计划的制定，干部们自下而上征求意见，开展调研，制定出切实可行的方案。相对于规划和计划，策划则是最经常的工作，学校每学期的入学季、毕业季课程，五大节日课程，牵手校本教研活动，"今年我们这样做总结活动"，有效的社会实践活动，学科整合活动等，每个活动都需要分管干部精心策划，认真实施，才会收到良好的教育效果。

学校将各项工作按项目制管理，每位干部主动承责，人人主持策划，追求活动创新。策划活动让干部迅速成长，一直以来固有的思维模式被打破，一项项精彩的活动呈现给师生。干部的改变带来的是教师的改变，是学校的改变。

干部精心策划的每一项活动，更是学校集体智慧的结晶。一项策划案出台，需要反复研磨、论证，需要主责干部承责，主责部门和其他部门共同研讨，因为每位干部都深知，充分周全的策划，是教育教学工作顺利开展的保障。策划工作中，干部们积极邀请并听取教师的建议，广泛征求意见，推陈出新，而更多教师思想、经验的融汇，可以从更多角度给出建设性的建议，产生更加有价值的策划方案。在这样的工作中，干部在不断成长。2017年10月，记录我校干部、教师的校园活动策划案例的书籍《策出精彩》被首都师范大学出版社出版，受到同行们的好评。2018年，德育主任牵头策划的"寻仓探蕴伴我行，三我教育促成长"第36届科技节暨学校建校115周年纪念活动，内容丰富、设计精彩，活动实施效果非常好。通过此次活动，学校的科技教育特色办学又上了一个新的台阶。

UDS项目倡导人人争做"三成"好干部，即"成事、成人、成己"。

所谓"成事"，是指提升干部作为学校组织运行环境营造者和执行者的工作效能，包括提升日常计划制订与执行的能力活动，策划与组织能力、总结与反思能力等，以优化日常的组织方式、工作流程、管理习惯等。

所谓"成人"，是指提升干部作为校本教师领导者身份角色意识的认知与能力，包括优化学校现有的提升教师日常发展的途径与做法，如校本培养的规划与落实，参与式校本培训的策划与组织，以行动研究深化校本教研等。

所谓"成己"，是指在成就他人、成功工作的过程中，实现自我的内在成长与工作价值的获得。

学校本着为每位干部的发展搭建平台的理念，鼓励大家积极参加项目组工作坊研修、校长沙龙等活动，虚心接受校本支持专家每周沉浸式的指导。学校还采取定期开展干部工作交流研讨，支持干部参加各级各类培训等方式，促进每位干部"三成"目标的实现。现在，学校10位干部人人努力工作，人人履职尽责，并且形成自己特有的管理特色，在自己的工作岗位上发挥引领作用。

二、致力于"三微"行动，团队改进在日常

"三微"即微改进、微创新、微研究。我们依托一些小而实的载体和抓手，重构与优化教师的日常生活，以实现发展的迭代螺旋式上升。

学校建立了各项资金使用制度，专款专用，统筹安排，厉行节约，提高效益；严格执行学校收费管理程序，无任何违反财经纪律和教育乱

收费现象；学校资产管理有专人负责，做到账实相符，各项设施设备齐整。这一切的措施，无不落实于日常，从根本上保障了校园文化建设的规范和公正，使教师在工作中有据可循，有章可依。学校将校园文化建设的重要性充分体现在教学管理体系中，从根本上融入师生们的思想和行动中。

在学校活动的实施中，我们也本着"三微"原则，不断改进，追求微创新。经过研讨，我们将学校"五节"、升旗仪式、开学典礼、会议召开中的固化模式打破，组织了"教师走上前台的教师大会""今年我们这样做总结""人人都是后小星教师""学校三划中有我""让故事在校园流传"等不同形式的活动，鼓励教师积极参加，在获得中表达自己。这样的获得将教师平时做的努力和工作展示在台前，让全校师生见证了教师自我改进的努力和不断成长的形象。

"三微"行动助力管理团队的成长与发展，使干部们引领教师团队的再度发展了。为了让"笃行于微，改进日常"的理念植根于每位教师心中，在UDS项目组以教育叙事案例促进学校及教师发展的理念引领下，我们以教育叙事案例为辐射，引领教师开展"三微"行动。经过长期的实践与探索，教师在案例研究中学会在熟视无睹中发现问题，学会在习以为常中突破思维定势，学会在彼此参看中系统思考；学会在言说表达中明晰自我，学会在交流碰撞中获取思路；学会在反思改进中不断提升。教育叙事案例的撰写成为教师笃行于微的切入点，它以点带面，以小见大，以事喻理，让校本研修绘声绘色，让每一位教师都在自我总结与反思中成长。

"发生在课堂上的故事"的系列研讨活动，激发教师转换视角看待自己的生活，学会用慧眼发现师生的精彩，记录师生的精彩，分析师生的精彩之处，并在教研中分享教学的精彩瞬间。

数学老师韩立云的"从冰山脸到表情包"的故事，记录了教师与一年级小豆包们的师生情谊；语文老师时文侠的"借助微信，解决困惑"，讲述的是一位老教师用现代教育手段及时解决问题，在家校间搭起了一座有效沟通的桥梁的故事；音乐教师杨卫平的"我的课堂我做主"，让我们看到了一个别有特色的音乐课堂，走进去，你可以欣赏、可以歌唱、可以创作，可以舞蹈，师生可以尽情徜徉在音乐的殿堂里；"'门'引发的争论""折不出的圆心""潜心品味泉心泉意"……教师们的教育"三微"行动，记录在一个个教学叙事中，如雨后春笋般生长出来，蔓延辐射，一个个，一组组，成为我们校本教研中一道道亮丽的风景线，令人赏心悦目，难以忘怀。

"三微"行动让年轻教师的课堂更具魅力，"三微"行动再度激发中老年教师的教育热情，我们欣喜地听到教师们的教学语言更为丰富更为贴心了，看到教师们变教为学的策略更加巧妙了，教师的"一言堂"逐渐变成了学生发现、实验、创造的学堂……感人的故事诠释着教育的温暖，良好的人文精神感染着一位教师，也感动着学生。

致力于"三微"行动，干部先行，带领团队改进在日常，让后小的变化悄然发生着。

三、实施闭环管理，提高工作效率

UDS项目明确提出，要借鉴改进过程的结构性方法——"休·哈特循环"理论，即计划—行动—检查—改进循环的过程，通过"制定、执行、总结"等环节的优化与创新，促进学校各项工作形成闭环机制，我们也在不断尝试，使各项工作形成闭环，提高工作效率。

就以2019年学校五大节日课程来说，2月，教学部门精心策划了"提升阅读品味，润泽书香童年"的读书节活动，正值中华人民共和国成立70周年之际，引领后小师生不忘初心，怀揣梦想，读书、修身、立德、前行，吹响新号角，开创新精彩；4月，学校又迎来了体育节，体育主管部门经过精心策划，本届体育节以"小场地，大梦想——通武廊第八共同体足球联赛"为主题，结合我校被认定为北京中赫国安小场地足球项目校的契机，在校外辅导员张路的指导下，普及校园足球运动，提升学生足球运动技能，促进学生身体素质的提升；6月1日，学校德育部门策划"向祖国致敬"庆祝中华人民共和国成立70周年系列活动，国旗下讲话、"五个起来"、周周快闪等活动激动人心，教育效果好；9月1日，学校联合策划"争五星　学榜样　爱祖国　做栋梁"开学典礼活动，典礼上，学校表彰"五星"好少年，我为孩子们上开学第一课《为中华民族伟大复兴而读书》……最后，全校师生齐唱《我和我的祖国》，将我们与祖国休戚相关、荣辱与共的心声融入歌声里，极大地激发了师生们的爱国之情；11月，是我们一年一度的科技节时间，主管干部精心策划了"走进生物馆，走向大自然"活动，即第37届科技节，本次活动以学校生物馆为探究起点，精心设计了各年级探究单，安排全校学生再次走进生物馆，观察标本，记录问题，展开研究。然后，带着兴趣、带着问题，走向大自然，再次进行深入的研究和探索。可以说，每个节日，每次活动，我们的干部都精心策划，认真实施，督促检查，超越自我，活动结束后，都会召开不同形式的总结、反思会，不仅总结成功之处，而且总结改进之处，找到新的生长点。比如读书节我们认为要进一步研究如何通过活动促进学生自主读书习惯的养成；体育节后，每一个学生足球技能的提升是下一步的工作重点；艺术节中的家长参与效果研究成为新近课题；美德节后如何把为中华民族伟大复兴而读书的理想深入到孩子们心中开展经常性的教育活动；科技节中走进大自然板块由于北京地区秋冬季节限制了某些活动的开展……

闭环管理理念的践行，让干部团队不断成长，不断超越，管理效果也在不断提升。

四、形成团队文化，凝聚学校精神

在后小，我们要求干部在管理中做到六个"走进"——走进课堂观课，走进班级常规检测，走进教研组活动，走进年级组活动，走进书本学理论，走进教师学生心里。干部工作的时间越长，管理经验越丰富，越是容易产生教条化和经验主义的倾向，与基层教师和学生们逐渐产生隔阂，疏于对新鲜理论知识的接触研究。所以，这是从多个方面对学校干部提出了注重深入教师、学生和保持自身先进性的要求。

只有走进课堂，才能了解教育真实发生的情况，发现不同教学方式之间的区别和优劣。而走进班级常规检测，是了解学生学习掌握知识的重要途径，了解学生对教学体系的反馈和在课堂中的学习效率，对干部指导自身工作有着不可或缺的价值。参加教研组和年级组的活动，是为了让干部一方面利用自身先进优势，带动教研组的研究讨论和课程设计更加切实、少走弯路，同时也是让干部不脱离一线教学，了解教师真实教学想法的好时机，干部要时刻保持思维的敏锐性，不断改善自己组织及与团队合作沟通的能力。

走进书本理论，要求干部时刻保持对先进教学理念的学习，学习管理方法，学习教育名著，并将理论与自己的管理实践相结合，引领教师不断提高教学水平。走进教师和学生的心里，对干部工作提出了更高的要求，干部要关心每一位教师的工作和生活状况，要了解教师教育教学工作中的真正需求，要多倾听教师的心声，真正与教师在一起，让教师心情愉悦地工作，积极努力地工作。

在学校管理中，我们要求每位干部都树立"一切为学生发展服务"的管理理念，践行"三我"的动态管理模式。让每个人都释放自己的最大能量，提升自己的策划力和执行力，使各项工作形成闭环，形成一支具有"团结、实干、公正、服务、创新"工作作风的领导团队。

第二节 项目引领 骨干带动 促进教师团队成长

一、实施超越计划，引领教师主动发展

2014年，我校有幸成为UDS合作发展项目实验校，UDS项目的理念之一就是"改变在日常"，随着这一理念的推行，我校领导干部、教师深受启发，在工作状态和工作方式上都有了一定的改进，教学水平和教学效果都有了明显的提升。新的时期我们将如何发展？教师发展的定位在哪？如何激发教师发展的潜能？这些都是我们一直思索的问题。在项目组专家的引领下，我们将学校与教师发展定位在"走在超越的路上"。于是，"超越计划"应运而生。超越自我、超越他人、跨学科超越、合作

超越，实现工作最优化，激发教师的自主发展积极性和创造潜能，带动教师可持续发展，成为我们实现管理工作超越的核心与方向。因此，围绕"超越计划"，我们的干部教师也都在改变着、超越着。

"超越"是一个内涵丰富的词，可以从多个角度去理解：可以超越自己，也可以超越他人；可以是某一方面的超越，也可以是整体素质上的超越；既可以是同一科目的超越，也可以是不同科目之间教学水平的超越；既有合作能力上的超越，也有独立自主思考能力上的超越。但超越的核心和价值，是与时俱进的全面发展，如果不能取长补短，如果与时代的发展目标相悖，那么就不是有价值的超越。好钢用在刀刃上，超越的努力也要找对方向。而这需要智慧和经验的帮助。

除了对方向的认识，超越本身也建立在对自身现有状态的认识和理解上。一个人或群体，只有首先认识自身存在的局限和不足，有承认自身缺点的勇气，发自内心地愿意改进自己，才能最终实现超越。在学校整个团体中，最需要建立这一认识、首先作出超越的就是教师团体。后小策划实施的超越计划之一——"星暖校园，实现超越"活动，就在教师团队中引起了很大反响，带领了教师团队的自主进步。

二、加强师德建设，提升道德素养

为提高教师教书育人、敬业爱生的责任感和使命感，学校以"敬业、奉献、修身"为主题，将教师发展目标定位为：德才兼备，智慧育人，快乐工作。通过"师德学习、专题培训、影像观看、经验宣讲、格言书写、科教论坛"等多种富有主题性的教育活动，实现了以制度规范师德，以学习提高素养，以活动锤炼风范，"善学习、乐工作、勤实践、勇创新"的教师文化逐渐形成。"五星"（平实之星、合作之星、博爱之星、慧教之星、创新之星）教师的评价方式也应运而生。学校召开隆重的启动仪式，按方案组织认真评选，每年教师节进行表彰奖励，这项活动激发了老中青各层教师的工作热情，他们不断超越自己，超越他人，"星暖校园、星亮校园、星耀校园"美好愿景正在实现。

在师德建设中，我校充分发挥党支部战斗堡垒的作用，55名党员占全校教师总数的51%，在各项工作中发挥着先锋模范作用，多年来是我校教师队伍素质高的政治保障。

学校党支部依托课题研究，助推教师深度发展。我校党建研究立项的课题是：教师再发展中党组织作用发挥的实践研究。为了推动课题的深度研究，减少课题研究的盲目性，支部将课题研究纳入学校的具体工作计划中，先分部门策划课题将要开展的各项活动，然后再集中商讨活动的意义、可行性、相容性，最后召开党支委扩大会议，研究确定课题的内容及开展的相关活动，做到深度整合，有利于发挥党组织的引领作用，有利于发挥党员的先锋模范作用，引领教师群体的深度发展。

我校党建课题下有三个子课题（也是本课题研究的重点内容），分别有专门的主要责任人，他们依托课题载体，开展了丰富多彩的活动，以助推教师再发展。

开展党员示范活动，以带动教师教育教学水平的提高。我校提出了"三我、五每三转化"的教育教学理念，并形成了学校研究的课题，列出了一定的评价量标，以督促教师在教育教学中贯彻执行。

学校首先安排了一部分党员教师给非党员教师做示范课，然后进行交流研讨，让非党员教师清晰课堂上如何操作才体现这些理念，才更有利于学生发展。在此基础上，学校进一步开展了"三我"杯评优课、跟踪课、微格课、教研课、常态课等活动。

与手拉手项目校、第三共同体及潞河教育联盟校、京津冀三地协同发展共同体、全国自主教育课堂教学论坛、万物启蒙课程联盟校之间开展的"问思辨"课堂研究，党员教师均进行了送课，或带头参加了课堂教学评优活动。

我校的教研组长均是党员。依据学校要求，根据学科特点，他们组织了富有实效的教研组活动，形成了"专业学习常态化，校本教研多元化，研修方式多样化"的教研特点，在活动中，他们带头学习、发言、总结。在学校开展的"下水文、板书设计、解题大赛、多媒体课件展示"等相关的教学技能比赛中，教研组长带领组员积极备战，并暗中比试看哪个组的教师获奖率高。

党员的示范引领，带动了教师的积极性，为打造实用高效、充满生命活力的课堂起到了先锋模范作用。

三、发挥骨干教师辐射带动作用，引领团队共同进步

在超越计划的实施中，我们愈加认识到骨干引领的重要性，这样的一个团体，既有指导学校超越方向的智慧，也有全面认识学校现状，发现学校不足的经验。于是我们开启了后小超越计划的第二阶段——启动骨干教师工作室。从教师团队中发掘出积极进取、能力出众、经验丰富的骨干教师，为他们提供学习、交流、研讨的环境。这样的工作室，将成为后小新的超越计划设计、研究的主阵地。

我校共有区级以上骨干教师16名，他们在学校中承担着教育教学改革的先行者和带头者的重任。

为了更好地发挥骨干教师的引领作用，我们采取建立"骨干教师工作室"这一方式，我们为骨干教师提供了一个充分发挥自身能力的平台，让各级骨干教师在教学研究、教师培训中的示范引领及辐射带动得以在教学创新中起到更广泛的作用。我们通过有计划、有组织、分层次、分阶段地开展多种形式的工作室活动（如实践研讨、主题研究等），将他们的经验在学校中辐射开来。骨干教师们利用带徒弟、组织参加学科教研组活动、组织参加学校实践活动等方式，带领全体教师不断改进，拉动教师群体的再成长。

在骨干教师们的带领下，教师团体将理念改进与实践相结合，找到了自身需要学习补充的问题所在，纷纷实现了全方位的超越，使后南仓小学的教育教学水平实现了整体的提升，有力地推动了学校教学体系的可持续发展，为教师提供了提升自我的积极氛围，为学生建设了健康向上的生长环境。

骨干教师工作室的启动、实践，正值学期期末工作即将结束、每学期一次的教研组工作总结交流会举行在即，因此，我们将学校的工作整合——骨干教师工作室启动、牵手教研活动、教研组工作总结交流会合并开展，共同开启了超越计划之二的系列活动，翻开了后小教学体系改革的新篇章。大会主题定为"走在超越的路上——骨干教师工作室启动、教研展示交流活动"。通过和UDS项目组的张校长深入交流探讨，我们将此项活动的理念定位在几条核心的思想原则上：

走在超越的路上，离不开自身的努力。

走在超越的路上，离不开名师的指导。

走在超越的路上，离不开同伴的帮扶。

走在超越的路上，离不开团队的合作。

可以看出，骨干教师工作室这一活动计划，不仅是建立在几位骨干教师的能力基础上，同时也需要全校教师积极地努力与配合，是全校教师团队对更高教育教学水平的深切期盼，是教师对自身进一步成长的由衷渴望，也是教师希望为学生提供更好的学习、生长环境的美好愿景。

在热烈的仪式中，骨干教师工作室隆重授牌，标志着活动的顺利开始。为了将骨干教师的成功经验和教学理念快速辐射给全体教师，我们首先采用了最切实有效的组织形式，即教师之间进行师徒结对、互相帮扶。大会通过多位徒弟教师的视角，将几位骨干教师在日常教学中的优秀品质作了详细的描述和总结，通过他们娓娓道来的亲身体验，帮助在座的教师们了解骨干教师们付出的努力和辛劳，从而激发大家学习榜样、自我改进的积极性和动力。

徒弟们还通过自己的语言生动描述了骨干教师们在工作当中对他们的指导与帮助，从一个学习者的角度将自己的收获分享给大家。一个授牌启动的仪式成为一场经验分享大会，教师们都凝神聆听，从中汲取着对自己有用的建议和启发。很多徒弟还将骨干教师们的经验和技巧总结制作成PPT，系统化地阐述和教给大家。活动一开始，辐射作用便体现得淋漓尽致，这也是因为日常工作中，骨干教师们就已经在自发地发挥自己的作用，以对其他教师起到带头的效果。工作室的正式建立，让教师们以更开放的思维进行互相交流，突破自我。

注重活动后的反思，已经成为后南仓的一个好习惯。每一次活动后，大家都会静下来分析，看看成功的原因是什么，改进的方面是什么，大家在今后的活动组织中改进的方向是什么。

这次的骨干教师团队建设，我们发现以下几个感触颇深的地方：

第一，策划注重细节，活动方显效果。

回顾这次活动的成功，很重要的一个因素就是合理的策划，由我和副校长共同列出的活动提纲，对每一个细节中可能出现的情况都进行了细致的斟酌和准备。在活动前对活动的效果、表现进行预演，在经验的积累基础上可以帮助策划者控制活动的走向。同时对活动参与者们——教师们的情况充分了解，使活动能够为每一位教师提供充足展现自我理念和感悟的空间。

但活动本身是不能确保没有意外的，对待特殊情况的紧急预演，处理特殊情况的经验储备，是活动开展的重要保障。这次活动中的一些小插曲就在主持人的机智应对中得到了妥善的解决。这也提示我们，在今后类似的活动中，对细节的把控要更加注重，从策划的环节就开始准备，这样才能让活动达到最好的效果。

第二，活动内容新颖，培训深入心灵。

此次活动，一改以往会议呆板的讲座形式，采用了包括理念讲述、故事分享、PPT展示、视频展示、教师间互相交流、校长和教师们直接交流这样的多种组织形式，为活动现场创设了耳目一新的活泼气氛。活动设计环环紧扣，内容丰富，用生动的表达方式，帮助大家轻松地探讨深入严谨的教学问题。教师们各自不同的表达方式，各自不同的观点，互相碰撞，彼此互补，为在场的教师们提供了大量值得学习、思考的素材。而教师们在获得新的体会后，愿意通过交流分享给大家，进一步把活动的气氛和价值推向高潮。

更不用说在本次活动中，各位教师真诚的情感表达，在会场中引起了大家的共鸣，让大家能够全身心沉浸到活动互动当中。有的教师在"参与此次活动感受"中写道：我感觉此次活动开展得非常精致、成功，既有教研氛围，又有片刻的感动，使学校教师的凝聚力更加浓厚，对以后的教育教学活动具有很大的推动作用。

还有的教师写道：感激、感动、感谢！这是我参加此次活动最大的感受。此次活动的成功使我深刻地体会到：新颖有内涵的活动，好似涓涓细流，浸润教师们的心田，让人感觉温暖、舒服；又好似一顿营养好吃的大餐，令人回味无穷。

可见，这场内容和表现形式都凸显新颖的活动，激发了教师们发自心底的教育热情，让他们能够回过头重新审视自己的教学工作。从师徒结队那感人的一幕中，他们看到青年教师的不懈追求；从牵手教研中，他们感悟到学科整合的重要性；从教研故事中，他们聆听了虚心求教、锐意改革的最强音。

第三，凸显尊重激励，改变从心开始。

这次活动一改以往的方式，突出了UDS项目自上而下、自下而上的管理理念。一线教师全程主持，更营造了一种亲切、宽松的氛围，在这样的氛围中，教师们畅谈着、交流着，彼此的心是那么贴近。

尊重教师的真情流露。"我眼中的师父"这一环节，对于徒弟的动情表述，所有的教师事先都不知情，活动开始后，不仅师父被感动，在场的教师也被感动，有的教师在活动反思中写道：听了徒弟们讲述的师父在工作上、生活中点点滴滴感人的瞬间，使我更加了解了每一名骨干教师对教育事业的无私付出，他们不抱怨、不诉苦，他们对教育事业的奉献精神非常值得我们学习。有的徒弟写道：感谢学校为我们提供拜师结对这样一个极好的学习机会，师父身上的那种深厚的涵养、丰富的知识、精湛的教学技能，都值得我们学习。

在牵手教研及教研故事分享两个板块中，当主持人采访教师们时，教师们也都用心说出了当时的真实感受，少了那种让人听腻的套话。最后，校长与教师们面对面交流，也均是真情实感的吐露。

有的教师在"活动感受"中写道：这次活动，让我看到了教育的活力，听到了对教育的思考，对于工作、事业、学生的独特感悟。作为一名教师，要不断学习，不断充实和丰富自己，在教育教学理念上要不断创新，这样才能融入当今的教育中去。

在"教研畅想"一栏中，有的教师写道：牵手教研活动让我想到很多，感觉我们低年级课堂在如何更利于学生发展方面要有所改变。整个活动凸显了尊重、激励，教师们就像饮一杯香醇的茶，喝出了一种感觉，喝出了一种情调，烦躁的心有一种沉静下来的感觉，死水般的心有了一种澎湃的感觉。这种触动人心灵深处的培训，从某种程度上，正在改变着教师们的工作方式、工作状态。听着教师们的心声，我仿佛看到了一个因奋发向上、不断改进而实现超越的后小。

在这次活动的成功举办后，总结经验的同时，我感到重担在肩。教师们热情真诚的表现，让我感受到了他们身上积极向上的信念。一两次活动的成功，不代表超越的结束，而是我们工作开始的序曲。

骨干教师工作室成立后，我们及时制订切实可行的活动计划，让更多的教师在骨干教师的引领下成长。学校每学期定期开展骨干教师示范课、骨干教师科教论坛、骨干教师教育教学经验交流分享等活动，发挥他们的引领示范作用，带动全校教师共同成长。

四、教师在"牵手教研"中体验合作共赢，不断成长

牵手教研为我校特色教研活动，既有同一学科的横向牵手，又有同一学科的纵向牵手，更有跨学科的多向牵手。我们以落实学科综合实践活动课程为依托，打通年段、学科之间的联系，实现跨学科整合与创新。我们对原有的教学资源重新赋予了新的意义，在科学合理的配置下，新的课程不断设计产生。通过多种途径把不同的教学内容和师资人员联系在一起，我们发现了不同课程之间紧密的联系，以及不同课程教师智慧碰撞产生的巨大变化。

为了最大化发挥牵手教研的潜力，我们在教研中力争实现五个融通：三级课程的融通，学科间的融通，学段间的融通，教学环节间的融通，课堂内外的融通。努力打通边界，实现跨越。每一项教研目标的实现和尝试，都令相关课程得以在实施中取得更好的效果，并且收集更多有价值的反馈信息。创建正在从全方位、多角度开展的课程体系，让学生在一次课程中，可以得到最广阔的领悟和成长。

这一阶段的工作，突出的是建立更加紧密的合作关系，建立年级之间、学科之间跨越性的联系，通过智慧经验的资源整合，达到教学水平的超越。

在我校，骨干教师都承担着教研组长的重任，是学校工作的核心。有一次，三年级教研组教师共同探讨这道题："3月6日是星期五，4月14日是星期几？"教师们纷纷思考，面对这样一道数学题，要怎样引导，才能更有利于学生自己找到并掌握解答的方法呢？五年级的数学教师听了题目后，提议说：

"一周有7天，7天是一个循环，先算出3月6日到4月14日一共有多少天，看看有几个这样的循环，除后还余下几天，就能很快推出4月14日是星期几了，这种方法比一天一天地推算省事多了。"

从这个提议出发，教研组教师们想到他们在低年级推广的教学内容中有一篇"探索规律"以及在高年级的教学中，计算循环小数的小数部分前多少位上的数的和，这两个教学内容与刚才提到的思维逻辑方法是同系列的教学知识。于是，一场由低、中、高年级共同牵手的教研活动就这样诞生了。在轻松的谈论之间，实现了打破同一学科中年级界限的合作，产生了教学方式上的超越。

我们策划这个板块，旨在引导教师突破原有思维，找到观念上的转变点、行动上的突破点、团队合作上的创新点。很多超越案例的实现，其实就蕴藏在这些平时不起眼的交流中，换一个角度去看，换一个角度去尝试，就可能得到很不一样的效果。

为了将这一超越理念和方法普及给全体教师，我们采用了以下几种方法：

1.畅谈。

我们邀请了高、中、低年级的三位教研组长，通过畅谈开展牵手教研的起因、目的、做法和感受，从而让教师们获得对牵手教研的深入理解，从根本上明白这一教研模式的邀请、目标和注意要点。

其中，高年级教研组长谈到：在共同研究的同时，我们不再局限于一册书一个年级，我们发现一个美妙的问题串。我们对一年级到六年级的知识进行了重新的认识，这使我们了解到同一问题，在低年级、中年级、高年级各年级段应该掌握到什么程度，在教学时我们应该注意什么……由于我们经常一起研究，打破了教学的局限性，开阔了眼界，跳出了常规教学的定式，实现了教师的自我超越和教研组的超越。但是，由于时间的关系，我们只能是引玉之砖，期待各位同人，能更深刻、更有效地研究。

中年级教研组长谈到：同学科不同年级的教研活动，丰富了我的教学经验，给我提供了一个很好的学习平台。活动中，我们常常不仅要研究本学段的教材内容，还要研究相关知识其他学段的教材内容。我们在课前对教材有全面、深度、系统的解读，这样才能进一步明确所教内容在教学中的地位、作用，即这一知识点是在怎样的基础上发展起来的，又怎样为后面知识的学习作准备的，以利于科学地选择"教法与学法"。学生对知识点理解得透彻，同时加深对这个知识体系中其他相关知识点的理解，有助于实现认知上的超越。

低年级教研组长谈到：通过多次低、中、高教研互动交流活动，如参与了中、高年级的阅卷，听中、高年级的课等活动，我们深深体会到低年级教师的重要性。通过互动交流，我们确定了自己的努力方向，我们每一位教师都应本着勤学、善思、实干的准则，不断提升自己，这样才能走在超越的道路上。

一句句真诚的分享感人肺腑，发人深思，他们从各自不同的角度、思维模式、经验体会来阐述同一个教研活动的实施、原理和影响，给所有教师描绘了一个立体而丰满的概念。

2.观赏。

低、中、高数学三个年级段将他们的牵手教研活动过程制作成了一段微格录像，播放给全体教师观看，中、高年级的两位教研组长则通过自己的理解对其进行了解读。这一形式，结合了先进的科技教学理念，将牵手教研活动的真实场景，展现在教师们的面前，把如何交流这个问题，用最能令人感同身受的方式进行了回答。将超越发生前、朴实、直接的沟通过程，深刻印入教师们的眼中，让教师们能够以放松的心情去面对、参与到这一活动当中。

在讲述自己的体验时教研组长们脸上洋溢起幸福的笑容，与场面上友善和谐的讨论氛围相映成趣。全场教师也积极地加入交流当中，牵手共研，合作超越的主题得到了最好的体现。

3.分享。

（1）语文、科学、音美的教研故事。

在交流过程中，二年级的语文教研组分享了他们自己的携手教研故事，以"实、勤、变"高度概括了他们教研组内成长历程。组员赵老师讲述了她个人在教研组中的成长经历。以前，她缺乏教学经验的时候，曾因为一节完整的课上不下来而伤心落泪，但是在组员的帮助下，她和他们一起共同研课、磨课，帮助她锻炼自己的课堂能力，直到最后她能够出色地完成一节青年教师评优课程。赵老师的经历深深感染到周围的教师，因为这是很多人从事教师工作以来，都曾经历过的阶段。说到动情之处，赵老师忍不住流下了泪水，全场教师都为她的故事而感动。

音美教研组的故事，以"团结、共研、共进"为主题，讲述了他们探讨如何将"我发现·我实验·我创造"的"三我"教学理念与音美学科联系起来的经历。他们利用教研活动时间，深入讨论"三我"理念的内涵意义，研究如何将其融入音美教学之中，并且为每位成员制定各自分工探索的方向。组长带领组员围绕课堂教学深入发掘，在艺术教学中探索科技教育的实用方法和相关知识点，力求在课程中渗透科技意识。带领学生掌握科学的艺术学习方法，引导在艺术学习中发挥创造性思维，树立探索、研究的科学精神。

组长还通过牵手教研，汇集学科智慧，探索出了将"三我"教学模式与音美学科相结合的实践方式——唱游教学，并在现场为大家展示了相关课程的课例视频。

科学教研组与科技办学的理念接触最多，开展相关工作的经验最丰富，他们从自己的日常工作谈起，讲述了他们为参与市评优的19份教学设计的教学目标写评议的过程。这个工作难度高、工作量大，为教研组带来了很大的压力，但是他们发挥牵手教研的组织理论，积极面对，激发大家的工作热情。在严格的要求下，艰苦卓绝地完成了工作任务。在他们看来，这样的改变，令他们能够挑战自己，完成更艰难的工作，也是对他们团队的一种超越。超越的形式不限于理念上的创新，先把手头能做的事情做好，把已有的工作做到极致，发挥工匠精神，也是一种超越。

（2）走进其他教研组，感受他们的故事。

后小一共有十七个教研组，构成了十七支携手共进、风雨同舟的团队。剩下的十三个教研组也陆续展示了自己的PPT，讲述自己的教研故事。在超越这个目标上，各组选择的途径不尽相同，得到的经历体验也多种多样。但是共通的是，每个教研组在牵手教研的过程中发现了团队不一样的一面，从而找到了新的突破方向。

这意味着后小教师团队的构建在过去存在着种种不足，通过调整、更新教师们的合作方式和思想理念，后小教学能找到很多超越和发展的空间，实现自身格局上的飞跃。让各个教研组的组员在反思和沟通中受到新的启发，发现新的自己，在实践中不断改进，在创新中保持发展，在前行中达到超越。而且，每一个教研组的故事都带有他们浓厚的团队印记，从自己的领域展现了学习文化变迁的方方面面，他们站在台上，是一个人，但组合在一起，就是后小全体教师的群像，是后小的精神风貌。看到教师们都积极地为后小努力成长，大家都感到无比自豪和感动。

在融洽、和谐的交流氛围中，我感到自己不再是以一个校长的身份在讲话，而是以朋友、战友的身份一起探讨研究。一场由上而下的教育改革，最后实现了由下而上的积极反馈，这样的交流，对我来说，也是一种改进、一种超越。

（3）开放交流，共同进步，开放教研共享化。

共享经济是近年来的新兴概念，这一思维模式，拓展了很多人的思维，让我们意识到共享带来的便利和高效。教育，作为现代社会的核心产业和社会发展进步的保障，更是这一理念生长的肥沃土壤。教育理念、教学方式不应是学校独享的知识，与全行业共享经验，互通有无，可以促进我国教育事业的快速发展。每个学校都有自己的局限性，环境和视角的不同，教师们对于教学理念的理解也会不同。分享教学中的智慧与心得以及教训，可以帮助每一所学校少走弯路，及时有效地提升改进自己的教学理念。

区域内，我们与北苑小学、二中小学部、四中小学部是手拉手项目学校，多次互相进行教研；我们与北分和永顺中心校间的牵手教研、与第三共同体紧密教研、与潞河教育联盟校间的开放教研，实现了本区内的资源优化与共享；与海淀区农科附小共同教研，促进了学校与教育强区的学习与交流；京津冀三地与天津武清杨村十小、河北廊坊十小协同发展共同体的牵手教研更拓宽了我们的视野，优势互补、协同创新、合作共赢的教研目标得到实现。

此外，我们参加的全国自主教育课堂教学论坛，万物启蒙课程联盟校之间开展的"问思辨"课堂研究，以及我们和代表国际高水平教育的芬兰校长进行面对面的课堂教学沟通交流与探讨，这些都丰富了我们的教学信息，拓宽了我们的视野，必定会对我们的课堂改变带来启迪。

第三节　价值引领，成就"五星"教师

"让后小成为每一个孩子智慧人生起航的地方，成为每一位教师价值与尊严实现的地方，成为每一名家长放心托付孩子和孩子明天的地方"，是我们的办学愿景。

如何让教师的工作价值得以体现，我觉得尊重每一位教师，发现每一位教师，认可每一位教师，激励每一位教师，从而实现教师更好地成长与进步，让他们在平凡的工作岗位上，脚踏实地，勤勉敬业，教书育人，最终实现立德树人的根本任务，这才是学校最应该给予每一位教师的最好平台。

我校共有109位教师，其中近五分之四是四十岁以上的教师，这些教师有着一定的教学经验，是目前学校的顶梁柱，但是这些教师同时也面临着年龄偏大、精力不足和进入职业倦怠期的困惑。为了解决这些问题，重新激发后小教师团队的活力，提升教师的整体素质，学校面向全体教师，立足师本，制订了后小教师校本培训计划——人人争当"五星"教师。

"五星"教师，包括博爱之星、平实之星、慧教之星、合作之星和创新之星。根据我校实际情况，我们制定了后南仓小学"五星"教师评选方式，如下：

"博爱之星"：以爱学生为主。每学年第二学期五月份，以下发选票的形式，组织学生和家长采取无记名画票形式推荐选举。

"平实之星"：教师可根据评选条件自主申报（没有名额限制），学校考核小组依据申报情况，进行评议。

"合作之星"：由教研组长组织本组成员推荐组内教师1名，并接受民主评议。

"慧教之星""创新之星"：教师可依据评选条件自主申报（提供相应获奖证书），学校考核小组分别对照评选相关条件，进行评议。

这一评比，面对的是全校教师，任何教师都可以自主申报，申报结果会由学校专业的评审团队，综合各方面的表现，每学年进行一次统一评比。评比结果与学校对教师多个方面的要求有关，包括德（品德）、能（能力）、勤（勤勉）、绩（成绩）四个方面，立体地表现一位教师的教学水平和他为学校作出的贡献。

每位教师通过评比，能直观认识到自己的优势与不足，重新反思审视自己一年工作的成果。在成功、荣誉的基础上，建立起自己的信心和幸福感，在反思不足中，挑战自己，制订提升自我的新计划。

评价体系的标准崇尚客观，所以会从多个角度，而不是仅从教师的教学成绩来判断。每一项标准的评分，都和学校日常教育教学工作紧密结合，其中还涉及很多学校活动讲座的参与开展。例如，要评比博爱之星，申报教师必须参加过班主任工作培训活动。而"慧教之星"则需要教师参加教学基本功方面的培训、课堂教学评优活动等。这些评论从荣誉的角度，激发了教师平时多参加培训活动、进行自我提升的积极性。

一位教师可以在评比中获得多少个星级称号，与教师成功申报的项目有关。"五星"教师是一位教师能够获得的最高殊荣，但是"一星"教师、"两星"教师也代表了教师在某个工作方面有着突出的积极性或贡献。

即使有些教师没有取得非常突出的成绩，但是教师只要充分做好日常教学的本职工作，在校级评比中获得较好的成绩，他也可以获得"平实之星"的称号，用于表彰他对学校工作的支持和贡献。

所以，"五星"教师的评比体系，并不是一个彼此竞争的较量场，而是鼓励每个教师前进、成长的台阶。教师在教学、培训工作中付出的每一份努力都会获得学校的认可和感激，每一位参加培训的教师能够切身感受到自己时刻在付出，也时刻在收获。

评比称号不是一个达标与否的标杆，而是每个教师对自己要求的一个进度表。通过每年的评比，告知每个教师自己在成长方面付出的努力，帮助他们调整自己的工作重心，有目的地提升自己的教学水平。这样的形式，既适合年长教师根据自己的精力去安排自己的培训工作，又对年轻教师提出了一个可以作为快速成长目标的高标准要求。

一、大气包容，以博爱对待学生

"大气成就大器，为每一个孩子的智慧人生奠基"，是我们学校秉承的办学思想，指的是在底蕴深厚、开放包容的办学环境中，教育者以高尚的道德修养、宽广的教育胸襟、过硬的业务素质、精湛的教学艺术以及超越功利的教育情怀，培养全面发展、个性发展、主动发展、可持续发展的人，为他们将来成为能担当大任的有用之才和栋梁之才奠定坚实的基础。对于教师来讲，这不仅仅是对教学方式的一种要求，更是出于对学生未来美好人生的一种祝福。它将成为教师工作的目标和原则。

后南仓小学"博爱之星"评选标准：

凡具备以下四个条件可参与评选：

（1）爱祖国，爱事业，爱学校，爱同事。

（2）遵守职业道德规范，廉洁从教，不进行有偿家教。

（3）尊重学生，理解学生；面向全体学生，不歧视学困生，做学生的贴心人。

（4）以广博的知识和人格魅力赢得学生、家长的尊重和喜爱，在学生及家长心目中有很高的威望。

在我们看来，一位合格的"五星"教师，应该能够充分认识到学生的主体性，理解"教"服务于"学"的教学本质，将学生放在课堂的中心。对待每一个学生，都以足够的耐心、理解去交流沟通，将博爱作为自己教学工作的信条，在每一节课堂上践行。

在课堂上，教师应该公正平等地对待每一个学生，从更广阔的视角，看到每一个学生身上无限的可能。只有这样，教师才能充分建立起对学生的尊重和认可，激发通过自己的努力引导开启学生智慧人生的动力，让教学真正发生在课堂中。

同时，教师能够正确认识每一个学生的潜能，用博爱的态度认真对待每一个学生，也是教师通过自己的教学工作收获成就感与幸福感的前提保障，这有利于师生身心健康。

博爱之星的评判标准，除了包括对学生的态度和付出，还包含教师与同事相处的和谐关系，以及参加班主任工作培训等承担更多责任的学习积极性，是全方位表现一位教师面对生活、工作态度的重要指标。

所以，能够以博爱包容学生、同事、工作，不仅可以评判教师的工作能力、工作效果，更可以评价教师的工作、成长动力和教师的工作状态，是与教师品德建设紧密相关的评判标准。

二、踏实认真，以平实面对工作

教师是一个历史悠久的职业，可以说是从人类文明诞生之初，就开始存在的社会角色。因为一个文明的存续，总是离不开文化知识的传播和继承，改良与创新。

所以在教学中，除了人们总是谈及的创新，其实教师工作的日常，很多都是落在平平淡淡的言传身教上。毕竟，任何形式的创新，都离不开经验的积累，都不能绕过先给学生打下良好的知识体系基础，也不能独立于教师自身威信和信赖的建立。而这一切，都不是空中楼阁，都是要每一个教育工作者，数十年如一日地站在讲台前，走在操场边，坐在办公室里，一步一步踏实建立起来的。

所以，对于一个教师来说，能够认真负责地将基础课程的本职工作做好，从上岗值班、提前候课、严谨课堂、批阅作业、研讨备课，乃至放学路队，这一整天的教学过程都是每个教师在经历的日常。只有真真正正地在每一个环节都满怀热情和责任感，教师的工作才算做到了实处。

为了发现和表彰在自己的岗位上勤恳工作的教师，我们将"平实"这一朴实的品质纳入教师的评价体系当中，对每一位教师提出了爱岗敬业的基本要求。教师团队的管理、学校环境的建设、校园文化的丰富，只要是在自己的位置上树起自己的责任心，确保有质量地完成自己的工作的教师，都是值得其他教师学习的榜样。

为此，我们通过定期分享表彰的方式，将在自己工作岗位上辛勤付出的教师提出来作为典型榜样，学习他们的工作态度和事迹。这一形式，不仅鼓励了教师们的争相学习，尤其是对年轻教师融入教师角色、适应岗位要求产生了积极的影响。

同时，这一评价体系提高了教师对待教学工作的幸福感，在日常工作当中能够更加留意体会到周围其他同事的努力与付出。这对于建立良好的教学团队气氛也产生了很大的作用。

后南仓小学"平实之星"评选标准：

凡具备以下四个条件可参与评选：

（1）能自觉履行相应专业技术职务职责，有强烈的责任心，工作态度认真，扎扎实实做好每一项工作，认真对待工作中的每一件小事。

（2）认真做好学困生、问题生及学生在校内发生意外伤害等事故的解决工作；认真履行"一岗双责"，自觉履行"首遇"负责制。

（3）校检测成绩处于年级或同学科中等以上水平；或班会评优或教学课例评优荣获校级一等奖。管理或后勤工作人员，认真完成本职工作，工作零失误或失误少，领导、教师满意度高。

（4）模范遵守学校规章制度，认真履行请假手续，没有无故早退或迟到现象，力争出全勤。

三、拒绝僵化，以智慧提升效率

教学工作是一个周而复始的过程，是在一批批学生间螺旋上升发展的。在我三十多年的教育工作当中，我体会到一个深刻的道理，那就是"改变在于细节"。或者说，重视细节才能带来改变。再小的调整提升，都可以成为一次创新、一次变革的开始。机会只留给有准备的人，同样创新也只会为愿意不断尝试改变的人打开大门。

在后小，随着"三我"教学理念的发展推广，在教学过程中，对传统教学方式进行积极地调整，形成每位教师自己特色的教学方式，已经成为了一种风气。拒绝以僵化的方式把课堂教学固化成一种模式，渴望在教学中通过自己的努力发现更具有效率的教学方法，是后小教师们共同的追求。

为了让这一积极的风气在后小深化发展，我们将教学工作中对教学方式的调整努力和成效，作为考评的标准之一。学校通过分享教师在学校有效的工作方式，以及在地区教育竞赛中取得的良好成绩，让教师团队体验不断改革教学方法的力量。而且教师之间的经验交流分享，得以让优秀的改进方法拓展到全校，从而提升后小的教学效率和教学质量。

后南仓小学"慧教之星"评比标准：

树立终身学习的理念，善于学习、善于反思，不断进步。课堂体现"三我"教学模式，注重对学生进行学习习惯及能力的培养，所教学生习惯好、能力强。凡具备以下条件之一均可参与评选：

（1）参加区级课例（教学、教育）评优荣获一等奖（含）以上。

（2）所教学科检测成绩在区内名列前茅。

四、团队精神，以合作实现共赢

学校是一个集体，校园是一个微缩的社会。处在其中，与人交流既是每个学校成员的义务，也是这个集体组织在一起的目的所在。一个人的知识和经验是有限的，教师团队作为一个整体，每位教师之间的互动协作是其教学效率和专业性提升的保障。

后南仓小学"合作之星"评选标准：

凡具备以下四个条件可参与评选：

（1）干群合作。领导干部秉承"团结、实干、公正、服务、创新"的工作作风，坚持人性化管理，尊重教师，深入一线，注意倾听建议，维护教师合法权益；教师为学校的发展出谋划策，顾全大局，服从领导分配，尊敬领导；干群关系融洽。

（2）同事合作。工作上互相支持、互相帮助；业务上互相学习、互相合作；生活上互相关心，互相照顾。关系融洽，无矛盾发生。

（3）集体合作。组长作用发挥得充分，能带领本组教师积极参加学校组织的教育教学活动；本组教师具有较强的大局意识，认真完成组长分配的工作；齐心协力，团结协作；在学校组织的集体赛事活动中荣获一等奖或教育教学效果显著［检测成绩在区前列、区级（含）以上获奖人次多］。

（4）家校合作。教师尊重家长、善待家长，为了孩子的学习与生活，通过多种形式与家长友善沟通，共同切磋解决问题的办法；家长尊重教师，遇事多和教师沟通，不无理取闹，按时参加家长会；家校关系融洽。

学校是一个大家庭，教师只有做到具有团队精神，与人合作，才能取得事业上的长足进步，学校的工作才能做得更好。

五、积极进取，以创新带来突破

后南仓小学"创新之星"评选标准：

在区域内有一定的影响力，积极参加各种赛事活动。凡具备以下条件之一均可参与评选：

（1）为教育事业的发展献计献策，积极参加合理化建议活动，本年度所提建议荣获区级一等奖（含）以上并被采纳使用。

（2）至少有一篇论文在市级荣获一等奖（含）以上或刊登发表，并参加市级赛事活动（教学课例、教学设计、技能大赛等）等，至少有1项在市级获二等奖（含）以上。

（3）教育教学及管理经验至少1次在市级（含）以上进行交流。

（4）辅导学生参加竞赛荣获市级一等奖。

除了强调日常细节上的改变，学校也鼓励教师、干部在思想理念上的创新，以及新颖的教学方式的产生。小学的教学工作，每年都面临来自全新社会环境的学生，同时也吸收年轻教师作为新鲜血液。顺应时代的发展，学校的教学工作必须能够随之不断改进。

所以，将"创新"这一标准，作为教学工作的重要目标之一，既是通过评价表彰教师在创新工作上付出的努力，也是时刻提醒教师团队，在当前教育工作激烈的竞争环境下，后小要想保持特色、前沿的教学质量，必须不断创新、挑战自己。

创新伴随着风险，但也蕴含着契机，后小人不怕困难，勇于挑战，通过教学创新，产生新的教学理论、新的课程设计以及新的课堂教学，这是我们一直鼓励与要求的。作为一名后小教师，能够走出自己教学的舒适区，积极进行创新，这既是对教师自身教学水平的挑战与突破，也是为全校的教学研究添砖加瓦。

后小从建校至今一百多年里，无论校园文化的形成，还是教学体系的构建，无不都是建立在每一任校长、干部、教师们共同努力创新的基础上。对于在这一方面具有积极态度、作出重要成绩的教师，考评标准中，我们通过"创新之星"给予了承认。

后南仓小学"五星"教师评比，已经进行了五届，每一届的评比中，每一位教师都获得了相应的奖励，更为可贵的是每一位教师的价值得到了体现。

实践证明，将成长（或追求成长的努力）作为目标，这是充分激发教学团队生长力的一个好方法。

第四章　课程构建——求丰实

一所学校所开设的课程是学生汲取营养的渠道，丰富而充实的课程能促进孩子们健康成长。

第一节　构建"三我"端蒙课程体系，保障学生健康成长

一、"三我"端蒙课程的提出

党的十七大报告中重点提出：以人为本是科学发展观的核心。党的十八大报告中"两个凡是"，再一次强调了"以人为本"的科学发展观。党的十九大报告则将"以人为本"提升到了党的执政理念高度。

中国传统文化中，"以人为本"最早见于《管子·霸言》第二十三篇中："夫霸王之所始也，以人为本。本理则国固，本乱则国危。"治国当以民为本，化用到教育上则是"以生为本"。同时把"以生为本"作为学校发展的根本理念，并将其贯穿到学生的培养目标，贯彻到课程设置上。党的十八大之后，以立德树人为根本任务，将"全面发展"作为学生核心素养发展的终极目标。核心素养归根结底应是创新能力、批判性思维与合作能力，这三项指标被褚宏启教授称为"3C"素养。党的十八届五中全会特别将"创新发展"列在五大发展理念之首。

后南仓小学建校117年，民国时期的"端蒙学堂"，以人格教育为办学理念，提出了"三育齐备，全面发展"的教育主张，作为立校之本延续至今。20世纪80年代，学校以"兴趣小组"为特点，发展学生的兴趣与特长；90年代，以"科技教育"为特色，培养学生创新与实践能力；近年来，在以往发展的基础上，学校不断深化科技教育办学特色，在"大气成就大器，为每一个孩子的智慧人生奠基"的办学思想引领下，秉承以学生为中心作为学校的办学理念，把每一个孩子放在学校的中央。以"蒙以养正"为宗旨，以创新精神为重点，以"我发现·我实验·我创造"科技教育核心理念为路径指导，以培养"三我"品质，全面发展，快乐成长为培养目标，历时六年开展了"三我"端蒙课程的实践探索。

如何构建"三我"端蒙课程，实现小学三个学段依次递进的教学目标？如何构造有主线、有特色的"三我"端蒙课程内容体系？如何在三个学段构建不同的教学方式与教学方法？如何构成"三我"端蒙课程评价体系？这些都是后南仓小学作为百年老校传承发展中亟待解决的问题。

我们认为，课程建设首先应当顺应学校特色发展的需要。课程是深化办学特色的载体，课程的开设决定学生的发展。我们后南仓小学是一所百年老校，当年，陈昌祐校长提出的人格教育理念深入人心，"三育齐备，全面发展"的教育主张为今天的学校发展奠定了基础。20世纪80年代初，学校前瞻性地提出并形成了教学课堂、兴趣小组课堂、校园环境课堂、家庭教育课堂、社会教育课堂"五位一体"的教育网络。90年代初，学校明确提出"加强科技教育，促进学生全面发展"的课题研究，总结出了"一个龙头，四个渠道，两个结合"的经验，在国内外及台湾等地均有较大的影响。21世纪初，学校继续把"深化科技教育，促进学生全面发展"作为特色办学课题加以研究和实践，实施了四项育人工程，即环境育人、管理育人、学科育人、活动育人。

近年来，在继承传统的前提下，我们深度思考，怎样将百年学校的教育思想、精神、品质凝练形成一种教育文化，让这种文化通过课程实施浸润师生心灵，让它弥漫整个校园，影响人的一生。因此，我们重新梳理了学校的办学理念体系，将科技教育的核心理念定位为"我发现·我实验·我创造"。于是，在"三我"理念引领下，进一步深化科技教育，促进学生全面发展，可以通过不断完善课程建设来实现。

其次，课程建设应当顺应教师发展之需。教师是课程建设的研究者、实施者。我校共有教师109人，其中大专及以上学历教师97人，高级教师12人，市区级骨干教师17人。教师平均年龄在43岁，部分教师年龄偏大，也处于专业发展的瓶颈期，需要不断更新观念，为自身发展注入新的活力，再次发展自己，提升自己。青年教师有朝气，有潜能，知进取，但他们需要有一方天地磨炼与展示自己。一批市区级骨干教师，有理念，能引领，敢创新，但如何让自己在专业化发展上拥有新的增长点，力争做到人人都是课程建设的主体，个个都可以彰显自己独特的教学魅力，还需要不断探究。因此，打破传统的课程建设模式是学校为教师实现专业化再成长的主要策略。

最后，课程建设应当顺应学生多元发展之需。学生是课程建设最大的受益者，一切课程建设的出发点，都是以学生为主体，关注学生的兴趣、爱好和特长，构建适合每一个学生全面发展、主动发展、个性发展的课程。我们后小共有一千四百多名学生，他们来自不同的家庭，个个承载着家长及社会的期望，家长都希望孩子在学校快乐地学习，健康地成长。作为后小的教师，在历史传承和办学理念引领下，依据多元智能理论，我们清醒地认识到：只有当课程丰富多彩、多元化时，才能促进学生的全面发展；只有课程突出"我发现·我实验·我创造"的核心价值观时，学生才能主动发展；只有当课程是开放、动态、可供选择时，才能促进学生的个性发展。基于以上分析，学校力求通过加强和改进课程建设工作，实现规范化、科学化、特色化的管理，构建富有学校特色的三级课程管理体系。

在学校课程构建中，我们认为应该遵循以下五项原则。

一是自主性原则。课程建设应该实现一种回归：回归到课程本源，回归到学生发展的需要。回归的方式就是注重学生、教师和学校的自主性。只有鼓励学生和教师发动自主积极性参与到课程的构建当中，我们才能真正构建出适合他们的课程体系。

二是适切性原则。课程建设要以学生为本，了解不同学生的学习需求，符合学生发展的实际，重点在适应学生个性、知识和能力发展的需要。更要按照学生的需求，有的放矢地进行课程设计和施行，这是将课程落到实处、产生实效的重要条件。

三是选择性原则。充分发挥学生的主体性，根据自身特点与发展需求，自主选择适切的课程。保障学生的选择自由，便于得到课程接受程度的第一手反馈，帮助课程高效地实施，并且及时发现课程在师生接受程度上的问题，以利于教师调整解决。

四是融通性原则。多种资源的整合与融通，打开了课程建设之门，打通了学科间的边界，实现了课程的无界与开放。这不仅令课程构建和实施的效率更高，多个学科的融合更密切，也令课程的内容更加丰富，表现方式更加多样。

五是多元性原则。多元智能理论让我们认识到：只有当课程丰富多彩、多元化时，才能促进学生的全面发展。

基于此，我们不断打造和丰富着"三我"端蒙课程体系。

二、"三我"端蒙课程体系的内涵

（一）课程内涵

遵照通州区"幼儿养性、童蒙养正、少年养志、青年养德"的教育原则，后南仓小学在学生物欲未染的初始阶段，以"蒙以养正"为宗旨，以学生全面发展为根本，以"创新精神、合作能力、人文底蕴"为核心素养发展目标，以学生的认知心理与认知过程为指导，以"我发现·我实验·我创造"为实践路径，构建"三我"端蒙，人在中央的课程体系。课程体系以"三我品质"形成为核心，设置明德、启智、健体、习劳、审美、育心六类课程，涵养学生人文底蕴与科学精神。（如图1所示）

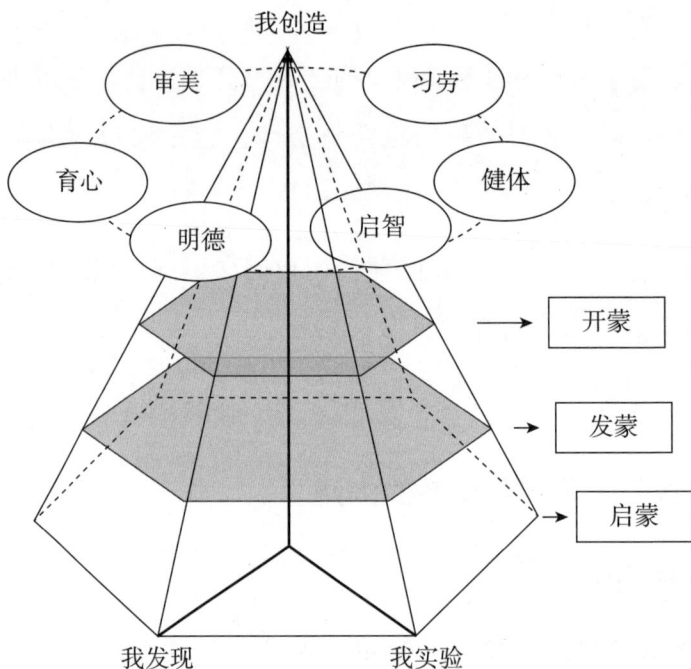

图1 "三我"端蒙课程内涵图（立体图）

（二）课程体系

我们围绕"学校一切活动皆课程，人人是课程的开发者和建设者，一切课程建设都要促进孩子的发展，为学生提供好吃又有营养的课程"的思想建构了学校的课程体系。学校在课程建设上遵循的思路是：理念引领—建构体系—整合推进—多元发展。

课程愿景——在多彩生动的课程环境中做到：

人人想学：让每位学生在发现中体验主动的学习

人人会学：让每位学生在实践中从事适合的学习

人人学好：让每位学生在创新中享受成功的学习

凸显科技特色的课程核心理念为"我发现·我实验·我创造"，简称"三我"。"三我"端蒙课程体系，包含课程教学目标、教学内容、教学方法、教学评价四个维度。"三我"端蒙课程以"我善发现，我勤实验，我敢创造"为具体表现，以"尊天性，养德性；尊人性，养个性；尊本性，养本性，养习性；尊知性，养智性"（四尊四养）为原则，以保护学生的好奇心为第一要义，设立低、中、高三学段的教学目标；以六条主线为教学内容；以课堂教学法、文化研学法、实践活动践行法为方法实施；以标准性评价、过程性评价、表现性评价为五课程教学评价。（如图2所示）

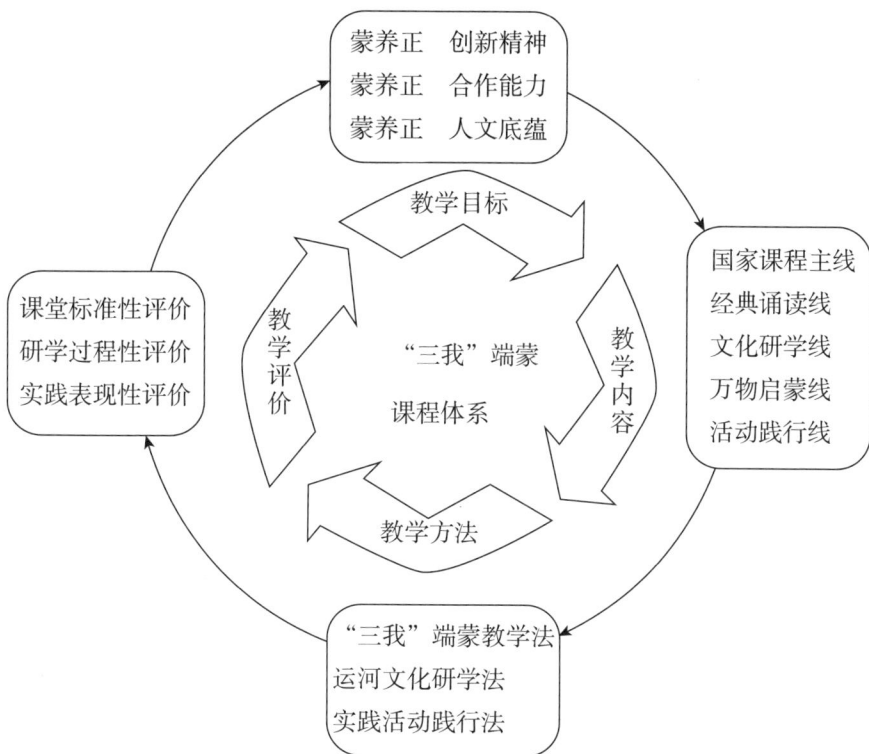

图2 "三我"端蒙课程体系图

（三）课程教学目标

"三我"端蒙课程体系以"四尊四养"为原则，以保护学生的好奇心为第一要义，设立低、中、高三个学段"启蒙—发蒙—开蒙"的教学目标。

低、中、高三个学段分别以"兴趣第一""实验探究""合作创新"为三学段的学生发展目标。三阶段目标呈现依次递进关系，学习过程中又呈现螺旋跃进式发展。低阶段目标是高一阶段目标的基础，高阶段目标又是低阶段目标的发展，三个学段相互依存，拾级而上。与此同时，每一阶段以一个核心为基础，向外扩展发展。（如图3所示）

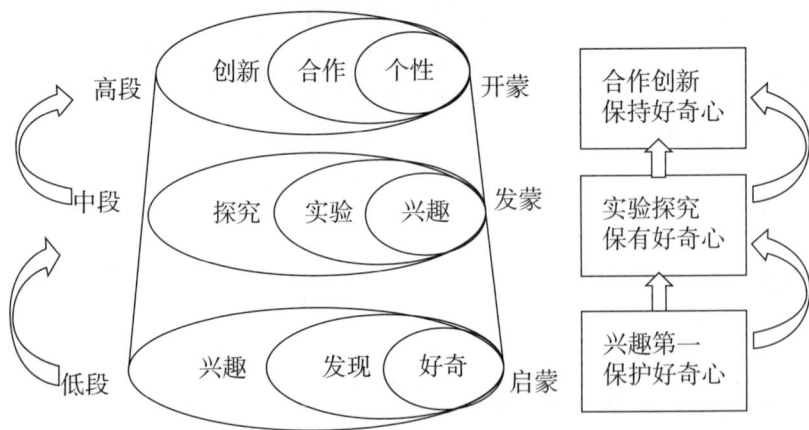

图3 "三我"端蒙课程教学目标递进图

低年级以好奇心为出发点，以"发现问题—形成情境兴趣"为落脚点，保护好奇心。

中年级以个人兴趣为起点，以"实践活动—主动探究"为着力点，保有好奇心。

高年级以个性发展为基础，以"合作研究—敢于创新"为发展点，保持好奇心。

我们在课程设计中将"三我"理念充分融会贯通，后小的"三我"端蒙课程体系确立了明晰的教学目标——培养"善于观察、勤于思考、勇于实践、长于合作、大胆创新"的"五星"智慧学生。

在确定整体的教学目标之后，我们并没有止步于此，由于意识到小学六年间，学生群体的特点和状态会产生极大的变化，我们对目标进行了进一步的细化。

我和教师们对学生进行了一番观察、研究和思考后认为，学生在不同阶段其学习特点也不同，应该有针对性地将课程体系按照不同年级进行拆分，构成递进式的螺旋上升教学目标体系。即我们把学生群体分为低、中、高三个不同的学段，针对不同的学习阶段将学习特点进行归纳，并且设计相应的发展目标。

低年级（一、二年级）大多数学生正处于懵懂的状态，没有建立起最基础的学习习惯和学习观念。在这个时期，比起其他方面，保护学生的好奇心，以"兴趣第一"为原则来制定教学目标，可以取得更好的效果。以低年级学生的好奇心作为出发点，以"发现问题—形成情境兴趣"作为落脚点，可以有效保护学生的好奇心，维持学生的学习热情，并且逐渐为学生的学习观念和知识体系打下坚实的基础。我们将这一阶段的教学目标称为"启蒙"。

中年级（三、四年级）学生已经具备了一定的学习素养，但是对于好奇心和学习动力的保护依旧需要持续。我们在这个阶段，将通过以

"学生个人兴趣"为起点，以"实践活动—主动探究"为着力点的方式，在保持学生由兴趣和热情驱动的基础上，逐步突出学生的自主性，鼓励"实验探究"，在保有学生好奇心和发现学生个性两者之间平衡发展。我们将这一阶段的教学目标称为"发蒙"。

到了小学五、六年级，也就是高年级时，学生的个性逐渐凸显，学习习惯和观念愈加成熟，但是作为基础教育的小学阶段，对于学生的学习好奇心和求知欲，我们依旧需要培养，这是每一个学生身上的可贵品质，能够让好奇心在他们今后的学习和生活中保持发展，以至养成习惯，是教学工作的任务和追求。

同时，对这一时期的学生来说，我们可以着力培养他们"合作创新"观念的形成。如在课程中鼓励学生参与到集体当中，发展突破自己，寻求改变和成长，为适应将来的学习环境打下基础。以"个性发展"为基础，以"合作研究—敢于创新"为发展点，我们将这一阶段的教学目标称为"开蒙"。

通过合理的课程设计，每一个后小学生都可在校园的成长过程中，受到最适合他们成长阶段的教育，从而健康地成长。

马克思主义认识论指出：人认识事物的本质是能动的创造过程，是在实践基础上的能动反映，是在经历"实践—认识—再实践—再认识"的螺旋跃进中实现认识事物从感性到理性创造的两次飞跃过程。"三我"端蒙课程正是基于实践的探索，让学生在实践中发现，在实践中实验探索，最终实现创新发展。

建构主义学习理论强调：以学生为中心，让学生在一定的情境中，利用学生已有的学习经验，进行自主实践探索与协作学习，在自主学习中完成知识体系的意义构建。建构主义学习理论有四个关键要素，即以学生为中心、学习情境、学习协作、自主探究。"三我"端蒙课程体系正是以学生认知规律与认知心理为基础，让学生在实践探索中完成知识能力的主动的意义建构。

第二节　丰富"三我"端蒙课程内容，促进学生全面发展

三级课程是一个完整的体系。在保证开足、开齐国家课程的同时，为更好地发挥课程资源的功能，实现增效减负，我们明确了课程的教学目标，合理调整课程资源，将国家课程、地方课程及校本课程进行有效的融通与整合。在不同课程的穿越与无界中，充分发挥它们对学生发展的价值，做到共性化教育中孕育个性化教育，个性化教育中兼顾共性教育，使学生在融通与共享的教育中多元发展。

"三我"端蒙课程体系，以人的发展为核心，设立了明德、启智、健体、习劳、审美、育心六大类课程，六大类课程又由六线支撑。即以国家课程为主线，同时设置经典诵读线、运河文化研学线、万物启蒙线、五大主题活动节日线、社团践行线等辅助线，六线成纲，构成"三我"端蒙课程内容体系。

"三我"端蒙课程的内容体系

项目类别	低年级段（侧重"我发现"）	中年级段（侧重"我实验"）	高年级段（侧重"我创造"）
	我发现·我实验·我创造		
明德类	国家课程 《道德与法治》 《弟子规》诵读课程 美德节之习养课程 讲运河故事系列	国家课程 《道德与法治》 《三字经》《声律启蒙》诵读课程 美德节之社区服务课程 读《运河诗抄》	国家课程 《道德与法治》 《论语》《中国古典诗词鉴赏》诵读课程 美德节之美德剧创编 传运河精神系列
启智类	国家课程 二十四节气与民俗节日 学校生物馆·植物考察 家乡野菜品种与药用价值 科技节之船模大赛 跟着运河去看桥 跟着运河去寻船 万物启蒙·茶文化 卡通科学社团	国家课程 二十四节气中的物候观察 学校生物馆·动物探秘 家乡野菜种植与市场开发 科技节之车模大赛 跟着运河访书院 跟着运河走古镇 万物启蒙·建筑文化 创客社团课程	国家课程 二十四节气与历法探究 科技工作坊·创作 濒临灭绝野菜调查与拯救 科技节之舰模大赛 跟着运河去寻仓 跟着运河寻漕运科技 万物启蒙·玉文化 机器人社团课程
健体类	体育类国家课程 运河传统体育项目系列 体育节之田径大赛 舞蹈社团课程 日日练健体系列课程 （三个一）	体育类国家课程 运河传统体育项目系列 体育节之篮球大赛 对弈社团课程 日日练健体系列课程 （三个一）	体育类国家课程 运河传统体育项目系列 体育节之足球比赛 武术社团课程 日日练健体系列课程 （三个一）

续表

项目类别	低年级段 （侧重"我发现"）	中年级段 （侧重"我实验"）	高年级段 （侧重"我创造"）
	我发现·我实验·我创造		
习劳类	国家课程 《劳动与技术》 运河研学·风车制作 习劳日日做系列课程 （"五个一"系列） 整理一次书包 检查一遍作业 洗净一双袜子 端上一杯茶 问一次晚安	国家课程 《劳动与技术》 运河研学·面人制作 习劳日日做系列课程 （"五个一"系列） 清理一遍书桌 墩一次地板 收拾一次餐桌 倾倒一次垃圾 诵读一篇经典	国家课程 《劳动与技术》 运河研学·景泰蓝工艺 习劳日日做系列课程 （"五个一"系列） 反思一天学习内容 承担一项家务劳动 做一件帮助别人的好事 做一次预习工作 诵读一段经典
审美类	美术、音乐类国家课程 运河研学·运河号子与运河美食 日常礼仪 万物课程·中国乐器之美	美术、音乐类国家课程 运河研学·运河历史与运河名人 中国古代服饰礼仪 万物课程·礼器之美	美术、音乐类国家课程 运河研学·运河革命烽火 君子相交礼仪 万物课程·传统建筑之美
育心类	心理辅导课程 读书节之绘本阅读 万物课程·汉字之美 生命课程	心理辅导课程 读书节之经典阅读 万物课程·书法之美 生长课程	心理辅导课程 读书节之经典阅读 万物课程·汉字之美 乐群合作共享课程

一、明德：分辨是非，塑造高尚人格

道德观念，是一个民族的文化根基，是汇总了一个国家的历史变迁的智慧记忆，是学生学习发展的目标和指导日常生活的准则。党的十八大明确提出，把立德树人作为教育的根本任务。2018年全国教育大会上，习近平总书记把学生的培养目标确定为培养德、智、体、美、劳全面发展的社会主义建设者和接班人，提出"五育并举"的要求。教师要遵循教书育人规律、遵循学生成长规律，以学生为主体，以教师为主导，创新育人模式，培育和践行社会主义核心价值观，不断提高学生思想水平、政治觉悟、道德品质、文化素养，培养学生成为德才兼备、全面发展的人才。

后南仓小学，在长期的办学实践中，对于德育工作的重要性有着深刻的体会，在学生的校园生活中开展了行之有效的思想品德教育，并取得了明显的成果。

（一）诵读传统经典，体会古人智慧

学校每天组织学生利用十五分钟的晨读和语文课前的三分钟阅读时间，开展"每日一诵经典诗歌""课前一吟古文古训"的活动。通过日常的积累，学生在耳濡目染中感受到了传统文化的精神。

针对不同学龄的孩子，学校针对性地采用不同的学习内容，一、二年级学生背诵《弟子规》和《三字经》，三、四年级学生则背诵经典古诗80首，五、六年级学生则将《论语》等作品作为学习背诵的材料。

我校利用课外一小时时间增设了"国学吟诵课"，并统一配发了教学用书。经过近一年的学习，吟诵班的学生从歌谣唱读到节奏变换，现在能够达到平仄诵读。学生们由爱读、会读，到能吟、成诵，涵养了品行，提高了审美素养。

学校还创造性地将《三字经》编进了课间操。每天早上，学生们一边唱背《三字经》，一边整齐地做着韵律健身操。他们吟诵声音洪亮，动作整齐划一，国学经典诵读就这样融进了运动中。学校干部、教师还为一、二年级的亲子操及"五星"少年评价标准编写了《新三字经》，传统文化与现代要求的结合，涵养了学生的良好品行，激发了学生对国家、民族的热爱。让他们带着更大的热情投入到学习当中去，以古人为榜样，严格要求自己，不断努力突破。

这样的教学方式，使学生每天认知中华民族的优秀文化，把传统道德理念与现代教学内容相结合，给学生留下更加深刻的印象。传统文化中的勤劳、爱国、尊敬长辈父母等要求，对学生有着巨大的感召力，学生在潜移默化中受到教育。

（二）举办美德节，培养文明少年

美德节是我校一个学年中的第一个节日，于9月开幕，11月初闭幕，历时2个多月的时间。以"明德懂礼，做文明好少年"的精神为主旨，后小举办了一系列美德节活动，不是以教授的方式，而是以节日庆祝的氛围，让学生们在快乐的活动中，感受美德行为，从而增强美德意识。学生在此过程中对品德的欣赏内化为学生对自己的成长需要，自发地、积极地去参与美德教学和美德活动。

为了落实这一教学目标，学校在美德节期间组织了大量形式丰富的活动，以趣味性吸引学生参加，以成就感奖励学生的付出。通过学生的亲身体验，形成自觉的美德习惯，提高学生在课堂教学和自我学习中的管理能力。

美德节鼓励学生创造发挥，通过设计节日徽章的形式，参与到美德节中来。学生通过自己的付出，为节日的举行出力奉献，这让他们对节日更有参与感，更愿意接受被教授的美德观念。

活动中，我们又组织班主任带着学生利用班会时间，分享阅读美德故事丛书，讲述美德故事。通过美德故事的体会，启发学生道德品质的感悟。教会学生分析、理解这些故事，结合自己学习、生活和成长经历，总结语言，撰写读后感。利用语言组织，让美德观念在学生的内心扎根，指导他们一生的健康成长。

在活动期间，教师还积极组织学生表演由美德故事改编的剧本，做美德故事相关的绘画。这都为学生搭建了表现自己才艺和思想认识的平台。在为观看的同学们表现故事精神的同时，也让大家体会到艺术的美感。将美与道德联系在一起，让教学成为快乐的正能量文化。

最后，我们还要求学生在日常生活中践行美德行为，同时教师对学生在活动中的表现进行评比，如表彰许多学习道德课程的小小优秀积极分子和生活中表现优秀的文明少年。这样的荣誉评比，激发了学生的学习动力，鼓励他们积极践行中华美德、培养美德习惯、争做一个有道德的人。

美德节已经成为后小每年都会开展的庆祝和学习盛会，是后小五大节日之一。

（三）教师以身作则，培养端正品行

学生的成长，离不开教师的引导，我校教师的培养目标是"德才兼备，智慧育人"，每一位教师都是孩子们品德形成的导师，每一位教师都在自己的工作岗位上兢兢业业、脚踏实地、潜心育人，在家长中和社会上享有较高声誉。学校同时高度重视国学教育，也不断加强国学教育师资队伍建设，并成立国学领导小组，由德育主任具体负责，语文教师

为主要成员的国学工作室。

工作室成立以来，教师们在区研修中心的引领下，不断学习、探究"三步六正九读"教学法。以专家讲座，研讨沙龙，听课、研课等多种形式，不断提高教师的国学授课能力和水平。我校徐焱老师、杨红艳老师有幸参加了通州区第四届国学赛课活动，均获优异成绩。孩子们在浓浓的国学教育氛围中，日积月累，大大提高了对国学的兴趣爱好，儒雅大气的后小学生越来越多。

（四）家校联手，合作助力学生品德成长

说起孩子的第一任老师，我们马上会想到孩子的父母。没错，家长在学校文化建设中的作用确实不可小视。我校有1400多名学生，来自1400多个家庭，家长的数量更是庞大，家校若能真正携起手来，共同育人，将会产生更大的合力、更佳的教育效果。请看我捕捉到的几个镜头：

镜头一：舞动的小红旗

每天下午上学高峰时段，您如果来到后小，一定会看到这样的画面：校门口两侧不远处的马路对面各站着两位家长，他们手持小红旗，有序地拦截、指挥着过往的车辆。听，在一位家长清脆的哨音指挥下，四面小旗子时起时落，交相辉映成一幅美丽的画面；家长们边挥动小红旗边劝说司机和过往的路人，护送孩子们安全地过马路，进入校园。原来这是由家长自主发起、组织的，由部分家长志愿者参与的"后小交通疏导义务护苗团队"在工作。可别小看这个组织，他们有自己的章程、纲领、加入办法、工作职责等，家长们积极性可高了，目前队伍在不断壮大。

镜头二：主席台上的爷孙俩

2014年10月27日，主席台上站着二（3）班李明同学和他的爷爷，他们高举着一幅作品，爷孙俩你一句我一句地说着：画面上的双手托着白鸽代表和平，数字1903代表学校建校时间，里面的几位同学的行为代表美德的含义……原来这爷孙俩在学校美德节期间的美德节节徽作品征集活动中，一举获得一等奖，正在全校师生面前介绍他们的作品及创作过程。台下的同学和教师听得可认真了，时而点头，时而鼓掌。

镜头三：操场上的"设计师"

2015年4月至5月，是我们后小的体育节期间。2015年4月30日学校要举行体育节开幕式，届时要求各班都要举行入场式，并且评选精神文明班集体。消息一经公开，32个班都动起来，孩子们开始兴奋起来，都想使自己的班在开幕式上一展风采。此后，操场上热闹起来，练习走步的，练习背口号的，不断设计造型的……不经意间，我们发现训练队伍中有不少陌生的身影，有的身背麦克扩音器，指挥着讲解着；有的几个人一起给孩子们编排队形；有的与班主任一起切磋着什么……哦，我们恍然大悟，这是体育节开幕式各班的"设计师"——家长啊，他们在积极地参与学校的活动。正是因为有这些设计师的参与，我们的开幕式展示精彩纷呈，从班级服装到班级展示形式各具特色，好评如潮。八通网、通州时讯等媒体还做了报道。

镜头四：琳琅满目的课程提案

随着课程改革的不断深入，课程的内涵和外延发生了巨大的变化。家长参与学校课程建设是新生事物，也是学校健康发展中必不可少的支撑。为了更好地发挥家长的作用，发掘家长资源，本学期家长会时间，我们向家长征求了学校课程开发建议，家长们积极参与，建言献策，我们收到了每一位家长的建议，许多家长还纷纷介绍自己的特长，表示能够到校义务教授课程。这其中有围棋高手、运动健将、飞行员、大学教师、工程师、街舞教练、导游等，家长们建议学校开设的课程更是丰富多彩，演讲与口才、少儿戏剧、针线活、户外生存、礼仪、话剧、相声、科技拓展、游学等，琳琅满目的课程，彰显着家长的智慧。

……

这些镜头、这些场景让我想到很多，我们在管理学校中，在学校文化建设创建过程中，真的不可小视家长的力量。学校教育与家庭教育必须实施有效的整合与融通，努力实现"1+1大于2"的效果。

第一，学校与家长要在理念上实现融通。学校的办学理念、办学思想要通过多种渠道向家长宣传，旨在使家长了解、支持学校工作，与学校达成共识，共同育人。"大气成就大器，为每一个孩子的智慧人生奠基"是我们的办学思想；五大节日课程助力"五星"少年成长是我们的思路。家长会上，三级课程中我们都在宣传这样的思想，家长们非常认可。理念相通了，方向一致了，其他工作就会顺畅。

第二，学校与家长要在行为上实现融通。通过上述的几个镜头，我们可见家长对学校工作的支持与理解，家长智慧在学校文化建设中得以体现，这对孩子的成长是十分重要的。家长是孩子们的第一任老师，耳濡目染，孩子们在这样的家长带领影响下，在学校的正确教育下，知行会不断得到统一，正能量不断被传递，教育的实效性会不断得到提高。

第三，学校与家长一起在教育创新上实现融通，实施无边界教育。人们越来越深刻地认识到，教育需要改革，需要创新，需要突破瓶颈。看到琳琅满目的家长课程提案，我在思考，真正的教育无边界，适合的就是最好的，学生需要的就是最好的，能够促进学生全面、个性、主动、可持续发展的课程就是好课程。人人是课程的开发者，学校活动即课程。

孩子第一任老师的力量真的不可小视，学校教育工作者更应该立足本职工作，与时俱进，加强家校合作，实现多元育人。我们要不断追求教育效果的最大化，为孩子的智慧人生奠基！

二、启智：启发思维，培养创新意识

启智类课程，旨在开启学生对于学习的初步认识，学会理性思维的能力，养成求学求知的兴趣和习惯。这样的开蒙性教学，可以说是小学教育基本工作。国家为此设置的教学课程，其内容很大程度上，就是以启发学生的智慧和思维能力而设计的，所以，在我们构建启智教育课程的时候，对国家课程保质保量的实施，是一个非常重要的部分。

可以说，在启智课堂的构建充分体现了"三我"端蒙课程体系对于课程融通的应用。后小在国家课程和地区课程的基础上，开展了大量的特色校本课程，将不同领域不同方向的教学融通整合起来，形成立体丰富的课程体系，为学生提供了更广阔的学习空间，给予了学生成长的机会和环境。

例如，我们在传统文化和科学教育之间进行了充分的融通，根据不同的年级，将二十四节气知识同民俗节日、物候观察、历法探究联系在一起，形成了一套课程体系，为学生在日常生活中接触和掌握文化科学知识提供了便利。

同时，我们还为启智课程配套设置了科技节的相关活动，在低、中、高年级分别开展船模、车模和舰模大赛，寓教于乐中激发学生动手实践的能力，并激发他们对科学知识的好奇心。

在日常课后，后小通过利用社团的建立，为学生开展了诸多类似"卡通科学""创客""机器人"的兴趣爱好课程，延续了后小在教学中保护、保有、保持学生的好奇心，激发学生创新意识的教学目标。

三、健体：强健体魄，打下坚实基础

健体类课程，也是国家课程的重要组成部分。后小一直将学生的"健美"作为校训和对学生素质培养的重要目标之一。对体育课程的认真深入开展，是保障学生在文化课开展之余，拥有健康的身体状态、享受健全成长历程的重要保障。

为了推进"三我"教学理念在健体课程体系中的实施，我带领后小教师拓宽体育教学的空间，给予学生更多锻炼身体、提升素质的机会。这其中，体育节就是我们健体课程的重要补充。

事实上，五大节日的课程体系，都不是一蹴而就的短期教学，而是通过一个阶段的活动，让课程的学习目标渗透到学生日常校园生活的每一天，让他们在不自觉中，被活动和节日的热情感染，从而强化某一方面学习品质的提升。

体育节依托于学校开展的多种体育赛事，如田径比赛、体能素质竞赛、足球嘉年华等活动，将丰富多彩的健体课程融入活动当中，极大地激发了同学们锻炼身体的热情。

此外，学校还开设了丰富多彩的体育社团类课程，如舞蹈、棋类、武术、棒球、空竹、太极拳、跆拳道、轮滑、跳皮筋、踢毽子等，学生根据自己的兴趣爱好进行选择，既培养了兴趣爱好，又促进了孩子们体质的增强。

四、习劳：鼓励自律，养成勤勉习惯

在全国教育大会上，习近平总书记指出，要培养德、智、体、美、劳全面发展的社会主义建设者和接班人，把"四育"提升为"五育"彰显了劳动的价值，可以说意义重大。学校要教育学生从小热爱劳动，热爱创造，通过劳动和创造播种希望，收获果实，也通过劳动和创造磨炼意志，提高自己。学到的东西，不能停留在书本上，不能只装在脑袋里，而应该落实到行动上，做到知行合一，以知促行，以行求知。

小学阶段，帮助学生养成良好的生活、学习观念与习惯，是学生在学校内外都健康成长的重要保障。后南仓小学对于学生品行的教育塑造一直都颇为重视，我们清楚地认识到，品质的建立是学生人格发展的重要组成部分，只有拥有正确的生活观念，学生才能够最终获得美好幸福的人生。

为了达到这一教学目标，我们在教学中认真教学《劳动与技术》国家课程，让学生通过对劳动历史和相关知识的了解学习，建立起对劳动的尊重，鼓励他们发展成为爱岗敬业的新时期人才。

我们还开设了习劳类校本课程，严格落实《日日做》"五个一"要求，通过培养学生日常习惯，学生能够学会严格要求自己，并以规律的生活习惯为荣。如整理书本、检查作业、诵读经典、反思等，让各类能带来积极影响的习惯在学生的内心扎根，在今后的生活中长期地帮助他们。学校将劳动教育与其他四育融通进行，促进了学生综合能力的提升。

我们还与当地文化相结合，把运河周边风车、面人、景泰蓝等制作的知识教授给学生，让他们在社会实践中边劳动边体会前人文明和精神传承的价值。

五、审美：明德知礼，培养艺术情操

早在中国古代，就有美育的思想，孔子以"六艺"教授弟子；在西方，亚里士多德全面总结了艺术审美教育功能为"教育、净化、精神享受"；而到了近代，蔡元培指出"美育者，应用美学之理论于教育，以陶养感情为目的者也"。可以说，美育思想的发展是有重要的历史渊源的。

生命的价值，不仅在于对社会的贡献和自身的发展，还在于对美好生活的感受。随着我国经济的不断发展，我国的文化事业也在突飞猛进。音乐、绘画、电影等艺术水平不断进步，呈现出一派繁荣景象。

学校美育能够提升孩子感知和辨别美的能力，对孩子的精神方面影响深远。从小培养孩子欣赏美、发现美、感受美的能力，才能创造美。后南仓小学为了提升学生的审美素养，在保障美术、音乐等国家课程得以实施之余，还建设了丰富的校本课程。

在每年的6～7月，我们会在校园举办"艺术节"活动，每届活动内容丰富，形式多样，而且呈系列性。通过各种别开生面的活动项目，鼓励学生欣赏艺术、认识艺术、创造艺术，从而建立对美的正确理解和由衷追求。

学校还开设声乐、舞蹈、非洲鼓、中阮、陶笛、吟诵、表演等校本课程，培养孩子们的艺术素养。

审美教学与德育工作相互联系在一起，将我国古代的日常礼仪、服饰、建筑、乐器等内容通过课程呈现在学生的面前，为他们理解和认识我国审美、礼仪文化的发展历程提供了丰富的素材，同时也加深了学生对学校和地区文化的认同。

六、育心：润泽心灵，实现健康成长

学生的心理健康，一直是我国教学工作当中较为薄弱的一环，进入"十三五"规划以来，国家对于人才的全面健康发展提出了更高的要求。而且，让学生拥有健康的成长环境，保障学生的身心和谐发展，是为学生构建快乐成长的七彩童年的基本要求之一。

随着社会竞争愈加激烈，学习上进度的要求不断提前，现在的小学生，面临着来自家庭和社会的压力。在这样的环境下，教学课程既要保持学生能力的正常开展，同时也要兼顾学生心理状态的变化。而育心类课程，就是为了解决学生在学习过程中的压力和困扰而设计的课程体系。我们的教师团队，在认真研讨了学生心理的发展规律，并且和许多学生沟通了解他们的内心需求以后，决定从三个方面对学生的心理健康进行积极的影响。

首先，是基础的心理辅导课程，这一课程是国家课程的一部分。在过去的数十年中，随着每个学校的开展和经验总结，这一课程不断被完善。我们后小也将这一课程体系与自身的情况紧密结合，构建了符合我们学生需求的辅导体系。这一体系，特别强调与学生家庭的和谐联动，联合教师和学生家长的共同努力，全方位地为学生的问题提供咨询和帮助，让他们随时能够感受到学校和父母对他们的支持。

其次，我们通过读书节的经典阅读课程，帮助学生接触和了解我国传统文化知识，从过去的智慧当中受到启发，形成正确的人格和价值观。这其中包括绘本、经典名著阅读，也包括汉字书法等相关课程的学习。利用我国传统处事智慧的感召，帮助学生正确面对生活当中遇到的挫折和压力，健康积极地面对自己的成长。

最后，生命课程、生长课程、乐群合作共享课程等，从自我发展和健康成长的角度，通过科学、理智的视角，让学生体验生命和成长的美好，将学生自身的幸福同他们的丰富人生与和谐的人际关系联系起来，以帮助学生在日常生活、学习中发现美好，发现积极生活的动力，培养学生的乐观性格。

这一切教育措施，都是建立在对于学生全面发展的理念上，同时也是对学生美好童年生活的祝愿。能够每天看到学生在校园中快乐自信的笑容，是每个后小教师最珍贵的回报。

第三节　建设校本课程链，促进学生可持续发展

校本课程是一所学校办学特色的具体体现，学校在建设校本课程体系时一定要考虑课程体系的完整性、系统性，考虑到对学生教育的连续性，考虑到先修课程和后续课程的关系，考虑到年级段之间的联系，最终实现育人目标。我们将课程之间的有效关联尚且称为课程链，建设好课程链，可以促进学生的可持续发展。

一、从入学季课程到毕业季课程

小学六年的时光弥足珍贵，从拽着妈妈的衣角不肯离开的懵懂的孩童，经过六年成长，到文明有礼、活泼聪颖的翩翩少年，对孩子们来说是一段美好的经历，对学校而言是一个大的课程轮回。因此，学校在考虑课程设计时要从"入学"到"毕业"着手，给孩子们完整的教育。

我们立足于"以学生为中心"的理念，从每个学生的需要出发，开发并实施了入学季、毕业季的特色课程；实施中我们充分赋权，调动了教师参与的积极性，唤醒了教师工作的内驱力，使个人优势与团队智慧相得益彰。

（一）入学季课程——开启学生的学习之旅

为了实现"我上学，我收获，我快乐，智慧成长每一天"的目标，依据学校办学目标与学生认知特点，我们围绕"好习惯培养"与"活动课程育人"，努力探索"入学季课程"。

"为了孩子，家校同行"——新生家长课程。

为了让家长能够尽快帮助孩子适应小学学习生活，为了让家长更快了解学校，我们开设了新生家长课程，其中包括新生家长会和一系列亲子活动。

新生家长会：每年8月份，学校都会召开"为了孩子，家校同行"新生家长会。由校长亲自解读学校的办学理念体系和学校的办学目标。通过参观校园、少先队员讲解，家长们进一步了解了百年后小的精神实质和深厚内涵。

亲子活动：学校的节日课程，都会邀请全体新生家长走进后小，与孩子共同参与活动。活动拉近了家长与学校的距离，也增强了他们教育好子女的信心，同时为新学期家校合作育人开了一个好头。

我上学，我收获，我快乐——入学典礼课程。

为了让每一个孩子进入校园便爱上后小，融入这个大家庭中，每一个新的学年，全体干部教师、骨干班主任教师都会对入学典礼进行精心的策划。入学典礼课程给孩子们营造了欢乐、祥和、严肃又活泼的校园氛围，孩子们消除了陌生感，顺利融入小学生活，为他们日后的学习生活打下了良好的基础。

争做文明后小人——好习惯规范课程。

为了帮助新生在各方面养成好习惯，在一年级学年组长和任课教师的共同策划下，学校开展了"新生拓展活动课""好习惯规范课程"以及丰富多彩的节日课程与实践体验课程，都收到了较好的效果。

成果展示扬自信，相互学习共提升。

不知不觉，入学季课程已近结束。每学期1月份就是孩子们收获的季节。学校为了让孩子们看到自己的进步，相互感受他人的特长，组织各班级进行成果展示，根据"五星"少年的评价标准，评出一年级的校级、班级"五星"好少年。

入学季课程，我们立足于"从学生的需要出发""以学生为中心"，充分赋权，调动教师参与活动的积极性，让教师在集思广益中策划每一次活动，让每个孩子都敢于面对大家展示自我，充分锻炼自己，不但提高了学生的自信心，培养学生的好习惯，而且使每个学生都能在某一方面得到进一步的发展。

（二）毕业季课程——激发学生再度扬帆起航

每年的"毕业季"是孩子们最值得回忆的，因为它是孩子们人生的转折点，意味着孩子们将告别自己美好的童年生活走向更加向往的初中生活，其中有感恩，有成长，有留恋。为了孩子们的发展，我们对毕业季课程的策划更加独具匠心。

我们紧紧围绕"五个结合"，即与学生"读书节""艺术节"有机结合，与传统节日文化教育有机结合，与小初衔接工作有机结合，与家校合作有机结合，与主题教育活动有机结合，力争做到使即将毕业的每一个学生，都能度过一个有意义、受益终身的"毕业季"。

二、彰显四季旋律的七彩课堂

一年之中，四季轮回，如何让孩子们感受身边的四季色彩，懂得生活中的四季常识，从而培养他们的科学素养，是我们在开发课程中一直思考的问题。

"七彩课堂"是我校开设的一门校本课程，它以春、夏、秋、冬四季为主线，紧紧围绕学校的科技教育特色，整合各学科知识，从多角度进行设计。它是以校本课程践行手册《七彩课堂》为依托，以班主任、数学教师、综合实践教师、兴趣小组指导教师为助力，以生物馆、教学楼走廊的科普知识、学校资源库的科技知识为材料支持，寓丰富的知识、多方面的实践体验，包括写作、阅读、实验、工艺制作等于一体的一门课程。

在落实科技教育的校本课程建设中，我们以自主研发、全员必修的《七彩课堂》实践手册为依托，以"共识、共研"为路径，进行资源整合，树立大课堂观，从而感悟课程的魅力。

（一）共识

2010年初，我校在总结几年来实施校本课程的得失基础上，在与国家课程、地方课程充分整合的基础上，开发出《七彩课堂》校本课程实践手册，这本小小的活动手册以"我发现·我实验·我创造"为价值观引领，以四季为主线，以家庭生活为核心，每一课都包括学习、交流、实践、延伸、评价五个板块，真正做到集自主性、选择性、趣味性、实践性、体验性于一身。

《七彩课堂》整合了网上资料、图书资料和原创资料，其中还有我校学生的部分精彩之作。它的使用涉及人员众多，包括一至六年级全部学生、家长和各学科任课教师。

广博的知识、形式各异的交流、丰富多彩的实践活动、课内外有效结合的延伸、新颖有趣的评价，引领师生及家长走进一个个五彩斑斓、充满活力的课堂，让学生在玩中受到教育，在动手中发现知识，在实践中掌握一定的技能，在创作中开发无穷的潜能。

（二）共研

《七彩课堂》是我校自主开发，突出科技教育特色，全员参与人人必修的课程。为了扎实地开展这门课程，我们秉承UDS项目组的"自下而上"的工作方式，组建了"学生—家长—教师—干部"共同探讨的研究团队。开学初，班主任及任课教师通过多种形式了解学生及家长的需求，而后教学部门组织各学科教师根据学生需求进行顶层设计，组建了数学教师、科学教师、综合实践教师为主，其他学科教师为辅的七彩课程实施团队。这个教研团队按照春、秋两个学期，利用校本课分阶段进行不同主题的教学内容。在共同的研讨、交流、碰撞中，四个主题应运而生，分别为：春梦、夏趣、秋实、冬韵。

不同的主题，共同的研究与合作，为学生打开了从课内延伸到课外发现的探究之门，引导学生走上了从学校小课堂到社会、自然大课堂的探索之路。

三、"五节"课程连接学年中的每一天

学校为活跃校园文化生活，全面提高学生素养，探索实施"五大节日课程体系"。"五大节日"分别是"美德节"（9—10月）、"科技节"（11—1月）、"读书节"（2—3月）、"体育节"（4—5月）、"艺术节"（6—7月），让学生每天都沉浸在节日活动里。各个节日期间，学校都要开展学生喜闻乐见的"小"主题活动，如美德剧演出、节徽设计赛、好书推介展、鸡蛋撞地球赛、让垃圾回家、飞键来竞走、小小赛诗会等。五个主题节日都开展相应的系列活动，形成活动课程，全校师生人人参与，在活动课程中得到收获与成长。

每年的11月为我校的"科技节"，每一届都开展鲜明的科技系列活动，通过家校互动、参观考察、社会实践、技能大赛等途径，分为"发现篇、实践篇、创造篇、竞赛篇"来实施。科技节系列活动的开展激发了学校、家庭、社会全员参与的科普意识，深化了科技教育的特色。

四、凸显不同年段特征的仓文化课程

后南仓小学是一所百年老校，后南仓的"仓"字更是包含通州漕运和仓储文化的诸多要素。学生在这里感受着百年文化的积淀，学习传承厚重的人文底蕴。成长在这样的环境中，处在通州仓廪文化的熏陶之下，学生能成长为具有独特地区文化气质的人才。如何深度挖掘学校文化、把立德树人做细、做实，一直是后小人不断思索的问题。寻仓探蕴，走进真实的历史，成为我们的共识。

2018年恰逢后南仓小学建校115周年，我们在深入调研、精心准备的前提下，开展了"寻仓探蕴"探究学习活动。以"仓"为眼，探索漕运仓储文化、运河文化，通过寻仓、研仓，追溯历史，展望将来，开发仓文化课程，学生在学习活动中受到家乡文化、学校文化的感染，积累厚重人文底蕴，激发了知家乡、爱家乡的思想感情，达到成长的目的。

（一）小手册，普及仓文化

仓文化，是依托于通州区运河文化的文化体系，经过从古至今的漫长发展，在后南仓地区形成了独特的文化氛围。后南仓小学，处于这个环境当中，深受这一传统文化的影响，传承着这一文化底蕴。学习了解影响后南仓的仓文化，能够帮助学生与学校、家乡建立起更加深厚的情感联系，能让学生在优良传统观念的引导下，更加健康地成长。

为了开发仓文化课程，我亲自带领学校的干部和教师们，成立了研究团队，由各个部门、各个学科选出优秀教师组成小组，多方收集资料、查找素材，将后南仓小学与通州、漕运仓储的历史紧密结合，将后小人与通州人的优良传统挖掘深化，设计出供学生使用的学习手册。

以手册的形式推广仓文化教育，学生能够更加方便地了解和认识仓文化，而且阅读量适当，表达新颖活泼，更能激发学生学习历史知识的积极性。

为了完善手册，我们还专门请教了通州区研修中心苏金良院长等专家，最终根据学生年龄和认知特点，确定了低、中、高年级的三本学习手册，分别是《仓之貌》《仓之史》《仓之蕴》。针对不同的年级段，在"三我"核心理念的指导下，将教学内容合理地呈现给学生，让他们容易接受和理解。

《仓之貌》读本，面向低年级学生，主要通过认识"仓"字的来源和历史，帮助学生了解通州地区粮仓的产生和相关知识。然后，我们进一步联系到仓廪中的粮食储藏，从科普的角度带领学生体会当年农业社会的生活和结构。

手册中，将学校周围耳熟能详的运河水脉展现在学生的面前，将构成仓储文化的源头——通州的运河文化鲜明地表现给学生，组织学生学习童谣，了解运河文化对通州地区的影响，激发学生对家乡的热爱。

学生们满怀对学校、家乡文化的热情，采取人物访谈、小记者采访、故事搜集、资料查询、绘画记录等探究和学习的方法进行学习，让仓文化深入学生的心灵。

在《仓之史》的手册当中，面对具备更强学习能力的中年级学生，手册开始更多涉及历史知识，通过对通州地区发展历程的描述，展示曾经辉煌的漕运文化，以大气磅礴的历史事实，帮助学生建立对家乡历史的尊敬和骄傲。然后，手册承接上一本中对粮食的知识科普，进一步提出"民以食为天"的粮食安全理念，让学生对仓文化有更加深入的了解。

在运河文化方面，手册将运河及其周边仓库的遗迹展示给学生，鼓励他们走访这些名胜古迹，让他们可以更加直观地了解这一文化传统对于后南仓地区的影响。同时，手册也将后南仓小学的发展历史进行了讲述，两条文化发展脉络彼此交联和影响，给学生留下了深刻的印象，让后小文化的厚重感，充分传达到学生的身上。

在面向高年级的手册《仓之蕴》中，课程对仓文化和运河文化的内容作了进一步的补充，从仓廪建设和运河开凿这些宏大工程中体现出劳动人民的智慧勤劳，进一步确立了学生对后小与它背后的仓文化的尊重和认可，建立了学生对待自己成长、学习环境的自豪感。这种积极的心态，令学生们在学习过程中更加具有使命感，对学校文化底蕴的深刻体会也使他们印象更加深刻。

（二）寻仓问道——开展寻仓实践

为了使手册发挥作用，真正使学生感受到仓储文化和百年后南仓的精神文化传承，学校广泛结合社会资源，开展多种形式、多种途径的寻仓活动。

1.外出寻仓——寻遗址，明历史，长知识。

学校精心设计了多条实践路线，开展研学活动，带着学生们走出去，亲身感受运河文化，了解通州人民的勤劳、智慧。

路线1：中仓仓墙遗址—通州博物馆—通州图书馆

路线2：通州石坝遗址—档案馆

路线3：京杭运河—张家湾博物馆

每一条路线既有实景参观又有资料学习，学生亲身参与实践，聆听教师和工作人员讲解。同学们通过外出实践，在仓墙、石坝等遗址前感受仓储历史的沧桑；在档案馆、图书馆认识通州名人，了解通州的历史、通州人的拼搏奋进；在京杭运河河畔、张家湾博物馆见识了漕运运来的皇木，揭晓了"秘符扇"的神奇。

外出实践寻仓，学生以寻仓为途径，以问道为目的，在实践学习中深入了解通州，了解漕运，感受着通州特有的文化气息和人文底蕴。

2.班级寻仓——寻通州、后南仓之百年精神。

此次寻仓问道充分调动各学科教师，每班以主题实践活动形式开展，班主任和各学科紧密结合，研究手册内容，确定研究主题及表现形式（每本手册下有四个主题活动内容：寻仓文化、仓储粮食、运河我家门前过、我的骄傲——后南仓）。各个班级的同学根据各自选定的主题，确定研究方向，并通过查阅资料、与学科教师交流等形式迅速行动起来。他们在学习中了解了"后南仓"的由来，知晓了通州仓储的历史变迁，懂得了古代通州与漕运和运河密切的联系。在教师的引导下探寻后南仓小学115年的历史发展和百年的后小精神：求真、务实、超越。

3.社团寻仓——用不同形式学习，展示收获体会。

我们将学生社团活动的内容与寻仓活动有效整合，各社团探究学习，对"仓"文化有了一定的理解之后，确定展示形式。有的用衍纸、书法写出后南仓的历史沧桑；有的用运河号子再现漕运船工们的辛勤和呐喊；有的自编快板赞美京杭运河给通州带来的繁荣；有的用废旧饮料瓶、小木棍、纸板等材质做出了各种各样的"仓"；有的用布艺还原了漕运码头运粮的繁忙……

4.家庭寻仓——小手拉大手，"仓"文化的延伸。

由于每个班级、每个同学都有自己认领的寻仓活动，那么在他们完成此项任务时，就会有家长关注这些活动，有时还会和孩子一起学习、了解相关知识，帮助孩子用自己的双手和智慧参与活动。这样不仅使孩子得到了文化的熏陶，更让家长对通州和学校有了更深一层的认识。

（三）寻仓展示——阶段展现问道成果

2018年12月28日，后南仓小学历时一个多月的"仓文化"探究学习月拉下帷幕。学校以"寻仓探蕴伴我行，三我教育促成长"为主题组织学习汇报活动，让学生对一个月的学习成果进行了集中展现。

第一阶段是"仓之蕴"文艺汇报表演。表演以穿越时空的百年前少年和现代少年的对话形式贯穿演出。

第二阶段是各班级的"仓"文化主题实践活动课，32个班级的活动课同时开始，各班级根据自己选定的主题，用丰富多彩的形式汇报自己的学习收获，展示自己的实践成果，诉说对于学校的深情，对于通州的热爱。

第三阶段是互动交流。同学们有的到操场参加《粮经纪大测试》，他们摸暗盒辨五谷，团结协作齐运输，博学善思知识广，通过三关的测试为班级争得荣誉。有的参观《五谷丰登》《寻仓探蕴》《漕运情怀》作品展，同学们的一件件作品让大家赞声连连。有的参观《后小印证》成果展，民国时期的自然教学挂图，20世纪60年代的老照片、老证书，一件件老物件见证着后南仓小学的历史变迁，留下了一代代后小人努力奋进的影像与资料。

学校还制作了精彩短片《寻仓问道》，带着大家一起回顾了后南仓小学的同学、教师、校内校外、家庭寻"仓"的历程，同学们深深感受到身为后小人的骄傲和生活在通州的自豪！

此次仓文化课程的开发实践是后小每一个学生都积极参与的一次主题实践活动，是学生"三我"品质历练、养成的良好契机，是学生"爱学校，爱家乡，爱祖国"情感教育的良好途径，是后小百年精神再次验证体现的过程，是改革开放40年后小成果印证的展现过程。正可谓："不忘初心育良才，沐风雨，砥砺行。百年学校树人志，永不变，迎新篇！"

五、从生物馆走向大自然

后小生物馆自1990年创建以来，资源不断丰富，馆内分为海洋、湿地、淡水湖泊、庄园、标本展示台等几个板块，共有标本1000余种（包括动物剥制标本、浸泡标本、干制标本、种子标本、原色复膜植物类标本、昆虫类标本、脊椎动物类、贝类标本等），这些标本绝大部分源自师生之手。还有一部分是中国农科院张孚允教授所赠（如动物、植物、种子、三叶虫化石等）。馆藏内容的选用均来自学生使用的课本，并以最直观、形象化的方式创设教材中的情境，呈现在学生面前，向学生展现一个丰富、鲜活的生物世界。2013年7月，学校又将生物馆升级为数字化生物馆，教育功能更加完善。

我们利用我校珍贵的生物馆资源，开发了三至六年级人人必修的《走进生物馆走向大自然》课程，它是对国家课程科学课的拓展与延伸。在生物馆探究环节，学校根据学生年级的不同，精心设计"生物馆探究——我发现"环节的探究题目，比如，低年级设计的题为："学校生物馆中最大的鸟是什么？你还认识了什么鸟？下图生物的名字是什么，怎样在生物馆中找到它的位置？写出或画出你印象深刻的标本。"中年级设计的题为："动物有许多自保本领，有的就与身边的环境融为一体，这种本领叫什么？学校生物馆中你发现哪些动物具有这种本领？你还知道哪些动物具有这种本领？不同鸟类的脚有所不同，你看到鸟类标本哪些是爪，哪些有脚蹼，为什么？学校生物馆哪个展区你最感兴趣，简述原因。"高年级设计的题为："写出生物馆中无脊椎动物3种以上。根据你在生物馆中看到的动植物，写出一条完整的食物链。简述你参观生物馆的感受，设计未来生物馆的样子。"学生带着这些问题走进生物馆，去发现，去思考，得出参观后的结论和新的问题，然后带着这些问题，走向大自然，按照教师的提示去种植一株植物，记录它的生长过程，写一份自然笔记或建议……从生物馆真正地走向大自然。

科学教师采用与科学课整合的方式进行校本实施，根据所讲的科学课内容每月引领学生走进生物馆，组织学生参观陈列的标本，教给学生制作标本的技巧，力求通过一定的延伸与扩展开阔学生的视野，打开学生的思路，启迪学生潜在的横向思维、联想思维能力，进而达到开发学生多元化智慧潜能，培养学生的创新精神与实践能力的目的。多年来，生物馆课程成为学校科技教育的龙头，深受师生家长的喜爱，得到社会各界的认可。

六、今天的《五小课程》为明天的大作为奠基

彰显我校科技特色的《五小课程》为选修课程，起初定义为"小发明、小实验、小论文、小绘画、小制作"，后来，它涵盖了如小报纸、小设计、小种植、小创意、小编织、小调查、小主持、小摄影等更为丰富的内容。我们开设的课程门类有科技信息、发明创造、动手实践、艺术修养、棋牌益智和文化传承六类选修课程，共有58门课程，分为26个校级、27个年级、5个班级的五小课程兴趣小组。

《五小课程》的实施突出选择性，校级兴趣小组跨越学段，年级兴趣小组打破班级界限，班级兴趣小组自愿形成活动小组，充分体现"我的课程我做主"的原则，使课程真正成为"孩子们自己喜欢的课程"。为了让每个学生能够找到适合自己发展的课程，学校按照"推介—自选—编班—微调"的程序完成选修课程的课前工作。每周五下午一小时的时间，是学生们最享受的时刻，他们纷纷走进自己喜欢的课程：操场上他们激情运动，科技苑里亲自动手实验、发现创新，专业教室里尽情展现个人才艺。

多元化的七彩课程，满足了学生个性化的成长需要，为他们提供了适切的教育，让每个学生都掌握一定的基本知识、技能和方法，他们愿意用自己喜欢的方式美化生活、陶冶情操、实现探索，同学们人人有特点、个个有特长，综合素养不断提高，从而实现全面、主动、个性的发展。

《小小科学家》是为了培养学生科学素养开设的人人必修的动手实践类课程，学生全员参与，每周一次，人人都有科技材料，个个都能亲自动手实践，次次都能体验到实践创新的乐趣。生物馆、小小科学家课程为学生们创设了探索科学奥秘的空间，真正凸显了小环境大视野的魅力。

我们相信，今天的小课程一定成就孩子们明天的大未来。

第四节　探索课程评价方式，激发学生学习愿望

多彩的课程，丰富的内容，多元的发展空间，突出特色的评价方式，使孩子们在适切的课程中不断丰盈，快乐成长。

一、"走班式"评价

我校每周五的校本课程全是开放的，校领导、主管教师几乎走遍所有子课程的教室，了解学生学习状态、教师的课程进度、师生的各项需求等，随时提出指导意见。

二、"成果式"评价

学校通过多种途径为学生开辟课程展示平台，为科技苑的所有课程制作了关于课程介绍的展板，使非课程班的学生也能了解相关知识。楼道内、教室内，是学生日常学习成果展示的平台。学校博客、校外电子屏成为七彩课程对外展示的窗口，教师定期上传学生作品，使家长能够

了解并欣赏到孩子们学习的成果，这样的评价形式深受家长及学生的欢迎。

三、"汇报式"评价

每学期的最后一次校本课程都是各个课程成果汇报时间。教师通过成果展示、表演、交流等方式组织小学员们汇报本学期的学习成果，让学生体验成长的快乐。自2017年开始，学校还组织了"家长走进校本课程"活动，学校、教师、学生分别向家长汇报校本课程的实施情况。

四、"特色活动式"评价

科技节、艺术节、体育节都可以成为课程班学员们展示风采的舞台。结合学生参与课程的积极性及平时的成长记录，进行"五星"少年评选。

五、"成长足迹式"评价

学校为每个学生建立社会大课堂实践手册，记录每项活动，让他们感受活动魅力，促进他们健康发展。我们还在尝试"成长记录袋"的评价方式。

我校以"三我"端蒙课堂教学模式为依托，制定了《"三我"端蒙课堂教学评价标准》《文化研学过程性评价标准》《实践活动五星少年评价标准》，形成了"三我"端蒙课堂教学采用标准性评价（评价量表见下表），文化研学采用过程性评价，实践活动采用表现性案例式评价。

标准性评价、过程性评价与表现性案例式评价构成了"三我"端蒙评价体系。

"三我"端蒙课堂教学评价量表

项目 \ 类别	评价指标			
	教师层面	学生层面	项目得分	总分
我发现	1.教学目标准确、可操作。 2.创设问题情境能激发学习兴趣。 3.创造性地设计教学活动，引发学生深入思考。	1.能够积极参与学习活动。 2.在情境中，深入思考。 3.积极参与活动，发现并提出有价值的问题。	30分	
我实验	1.在学生问题中提炼、生成探究性问题。 2.有效引导学生交流互动。 3.引导学生完成探索方案设计。 4.教师在关键处能够进行示范，讲解精当、简明。	1.针对探究性问题积极讨论。 2.落实问题提出、修改、完善探索设想与实施的步骤。 3.依据探索步骤实施实践探索，并及时梳理探索思路，得出结果。	40分	
我创造	1.教师采用多种引导方式，有针对性与导向性。 2.协调各组间的合作与成果共享。 3.教师针对难点进行思维训练。 4.教师善于捕捉学生创造性思维，进行强化评价。	1.反思学习过程，加强科学体验。 2.小组间合作共享，激发灵感。 3.大胆质疑，形成批判性思维。 4.多学科知识能够拓展链接应用。	30分	

文化研学过程性评价

评价环节	评价指标	分值	评价得分
研学前	1.研究性学习主题鲜明有特色。 2.研学方案设计科学可操作。 3.研学小组内部任务分工具体，实施方法有培训。 4.对任务完成的结果与效果有初步的设定与评估方法。	10分	
研学中	1.研学全过程态度积极，热情高。 2.选择自己感兴趣的任务，并不断修订实施方案。 3.选择的研究范围、样本科学有效。 4.能够运用多种方法、多个维度灵活解决问题。 5.研学中分工合作，且提出建设性意见。	20分	
研学后	1.梳理、反思研学过程，总结研学经验。 2.小组合作状态积极，合作关系愉快。 3.小组内对独特的文化理解与文化体验进行分享汇报，具有独特性、典型性、深刻性。 4.能够将研学内容进行恰当地链接与应用。 5.针对文化研学内容大胆提出假设与改进建议。	20分	

多元的课程评价不仅为师生开辟了展示与交流的空间，也激发了教师研究课程、完善课程的积极性，校本课程团队的骨干力量不断壮大。

一所学校所开设的课程是学生汲取营养的渠道，丰富而充实的课程能促进孩子们健康成长。在后小的丰实课程构建中，我们也有颇多感悟，构建和实施好课程应当做到：课程资源由散点化向立体化转变；课程的参与者由单一化向多元化转变；融通使课程变得更加优质化；课程管理的方式变得更加系列化、科学化。学生在多彩的课程中快乐健康地成长。

第五章　课堂教学——求真实

　　课堂教学是实施素质教育的主渠道。建设"真实"的课堂是立德树人根本任务的课堂要求。真实的课堂应该是体现学校办学理念的课堂；是充分尊重学生主体地位，把学生放在中央的课堂；是关注学习真实发生和学生实际获得的课堂；是着眼于培养学生素养的课堂。

第一节　明确特征　达成共识

　　2017年，教育部部长陈宝生吹响了"课堂革命"的号角，他强调要把质量作为教育的生命线，努力培养学生的创新精神和实践能力。

　　后南仓小学是一所有着117年办学历史的"百年学校"，面对当今教育改革的大潮，学校更需要谋求新的发展，在"北京城市副中心"这个大家庭中，我们和大家一起，同学习，共研究，常反思，做自己。我们围绕"求真·务实·超越"的百年精神，将学校与教师发展定位在"走在超越的路上"。超越即改变，更是改进。聚焦习以为常的教学行为，改变在日常，让课堂开始改变。

一、将"三我"理念融入课堂教学中

　　良好的课堂生态是以学生为主体，关注每一个孩子的需求，通过现代化的教学手段，实现教学与学生发展的真正统一的课堂。教师在这一过程中，需要清晰认识到教学目标的改变，不断尝试新的教学方法，将

学生成长作为教学效果的新判定标准，从多个角度去调动学生在新的课堂生态下的积极性。

我校提出的"我发现·我实验·我创造"的"三我"课堂文化，是基于建构主义、多元智能、"做中学"等理论，基于"培养具有实践能力和创新精神的人"的课改核心理念，它的内核是促进学生的全面发展与健康成长，转变"教师的教为中心"为"学生的学为中心"，注重学生的实际获得。这一课堂与过去相比最大的不同在于，教师主动将学习的时间与空间归还给学生，让学生亲身感受到，真实体验到，具体地感知到学习的过程。

我们的课堂"以生为本，育人为本"，贯彻的核心理念是"我发现·我实验·我创造"。因此，我校提出在教学中"践行三我理念，构建智慧课堂模式"引领各学科教师深入研究与探索，实现课堂教学的融通，立足课堂而不受课堂局限，立足学科教材而不受其限制。捕捉现代社会、现代科技其他学科知识、信息和最新成果，适时补充到教学中，丰富教学内容，开阔学生视野，力争教学活动充满活力；善于引导学生转变学习方式，改变单一的记忆、接受、模仿，为学生创设"我发现·我实验·我创造"的学习情境，调动学生多种感官参与学习活动，在观察中发现，在实践中创新，从而培养、发展学生学习的能力，获取新知识的能力，分析和解决问题的能力以及交流与合作的能力。

课堂的建设是在课程合理规划的基础上，与针对更高更远目标的课程相比，课堂的教学需要将着眼点放在实处，树立更加阶段性的教学计划和具体的教学目标。我校以"三我"教学理念为依托，建设了"三我"智慧课堂教学体系，这一课堂教学体系与"三我"理念一脉相承，将学生放在教学的主体位置，所以我们在制定目标时，也坚持将学生的学习所得作为评判标准。一个学生、一个班级能够从课堂教学中得到发展，是我们对课堂教学的核心追求。

二、明确"三我"智慧课堂的标准

要构建合理的课堂体系，需要对课堂的结构原理有深入的理解，经过多层讨论，我们认为，智慧课堂从根本上来说，具有五个特点——"五性"。

基础性：智慧的产生源于掌握扎实的基础知识，基于各项能力的培养。在课堂中只有落实学生基础知识和基本能力的构建，才能达到良好的教学效果。

情感性：好的课堂教学，需要充分调动学生的积极性和参与性。教师以激情感染学生，点燃学生情感、思维的火花，有利于师生之间的情感交融，促进活动的多维开展。

灵动性：要实现课堂教学的目标，需要引导学生多种感官参与课堂，使他们有所见，有所思，有所感，有所悟，有所创新。在发现中实验，在实验中创造，尤其突出在做中学。"我发现·我实验·我创造"三个环节相对独立又共融共生，从而构成富有生命活力的课堂。

启迪性：小学课堂教学，需要以发展的视角看待学生的成长，教师需要以自己的教学实践启迪和唤醒学生的智慧，启发学生的思维，打开学生的思路，为学生未来的学习和生活开辟更广阔的视野。

共生性：追求每一个学生的生长点，体现出人人积极主动参与，在学习中不断创新与提升，最终实现智慧课堂是师生共同成长的生命历程。

"三我"智慧课堂特征的明确，让教师们的课堂有了目标和方向。

第二节 有效实施 注重获得

有了明确的"三我"智慧课堂标准，接下来我们需要组织真实而有效的课堂实施，建构课堂教学模式，研究教学策略，在课堂教学中把学生放在正中央，关心关注学生的实际获得。

一、建构课堂教学模式，凸显特色

我们认为体现学校科技教育特色的"三我"智慧的课堂，应该注重让学生"感受过程，习得规律，发展智慧"。也就是说，在教学目标的达成上，要重视层次性和生成性；在教学资源的选择上，要重视针对性和发展性；在教学策略的运用上，要注重合作性和开放性。教师在设计教学时，要尽可能地处理好传授知识和培养能力的关系，要注重培养学生的自主学习探究能力，在组织学生学习时，要努力处理好自己的角色地位，重视引导学生质疑、调查和探究，让学生在实践中学习，在教师的指导下主动地、富有个性地学习。

在课堂教学中，我校初步形成了"我发现·我实验·我创造"的智慧课堂模式，即"学前自主探究发现—课中小组互动交流—人人参与多元实践—反馈巩固引导点拨—适度拓展不断提升"。

每个环节中又采用相应的教学策略和方法，使课堂成为学生自主探究、多元实践、合作创新的主阵地。每个环节既相对独立，又相互关联，整个环节形成相对闭环，又呈现螺旋状态，将学生的思维引向更高深更广阔的时空。

"三我"智慧课堂模式的构建，为师生的多元发展提供了更为广阔的空间，学生人人想学、人人会学、人人好学，实现了课堂是学生发现的阵地，是学生实验的场所，更是学生创新的舞台，真正凸显了"以生为本"，焕发生命活力的智慧课堂；教师善于发现，乐于实践，勇于创新，形成了我校独具特色的融通智慧课堂。

二、实施有效的教学策略，促进"三我"品质形成

在落实智慧课堂教学模式中，我们通过微格课、教研课、引路课、观摩课、常态课、评优课等课例研究形式，总结出我校切实可行的实施"三我"模式的教学策略，它们之间相对独立又相互关联与融通。

发现式教学策略：以学生为中心，让学生在学习过程中始终处于主动地位，通过听、读、看、说、做、思、议等方法，让学生主动去发现知识内容、道理、规律、问题，教师加以点拨引导。

探究式教学策略：教师以导学单、自主学习单、实验记录单、选择答题卡、观察日记等方式为媒介，以实验操作为平台，将科学知识呈现给学生，学生通过亲自动手、动脑的探究活动掌握概念与知识，获得科学探究的能力与技巧，培养发现问题、解决问题的能力。

情境教学策略：通过生活展现情境、实物演示情境、画面再现情境、音响渲染情境、角色扮演情境、语言描绘情境等方式，增强学生对教学内容的感知、理解和思考。

小组合作策略：通过有效的小组合作学习，培养学生合作探究意识与沟通交流的能力。

多元评价策略：课堂教学中的恰当评价能适时激发学生学习的兴趣，增强自信，使学生享受学习快乐的同时，思维得到深度开发，创新精神得到高度发扬。

整体提升策略：让不同层次的学生都有所发展，不让一个学生掉队。学校采取问卷调查了解每个学生的学情、个别指导突出个性化教学、同学互助共同提高、记录典型以点带面等方法，促进学生整体学习能力的提升。

在学校开展的各种听、评课活动中，关注教师体现"三我"的教学策略，关注学生"三我"表现，即"会观察、善思考、敢创新"的学习习惯的养成及学生参与学习的过程。"三我"教与学策略的改革，培养了学生的"三我"精神，学生的自主学习能力得到快速提升。

在师生的共同努力下，会发现、会实验、会融通、会创新已植根于师生的心里，慢慢成为一种自觉的行为与习惯。突出"三我"的融通课堂已经初步形成，师生在灵动共生的课堂中共展活力。

三、变"教"为"学"，不断改进教学方式

课堂是教育发展的核心地带，是教育的主战场。课堂的一端连着学生，一端连着民族的未来，教育改革只有进入到课堂层面，才真正进入深水区。课堂不变，教育就不变；教育不变，学生就不变。为此，我们觉得改变课堂要从改进干部教师的思维方式做起。

（一）教师的"教"为学生的"学"服务

所有的教必须服从、服务于学，构建一个以学为中心的课堂行动模

式。教授知识不再只是为了让学生掌握知识点本身，而是着重于养成学生的思维习惯、提高学生的学习效率。

每一堂课，都应该是在为下一堂课进行铺垫和准备，让教师的工作在有限的教学时间中高效地执行。而且，这样的准备，不是局限在一两个学科之内，不同的学科甚至不同的学习阶段之间，都应该建立紧密的联系。比如，在数学课堂上，可以通过引导学生发现美学与几何结构的联系，加深对艺术课程的理解。体育课程中对运动反应的体验，可以在教授物理知识前，提供丰富的感知体验。德育课程能够帮助学生建立良好的学习态度，提高学生在课堂的注意力和配合度。

教师必须明白，审核教学活动，不是单一的、孤立的，教学的目的，始终是为了培养一个愿意不断自我学习，总是好奇且充满活力的青少年人才而做的努力。学生实现全面、可持续的成长，前提就是教师要在教授中以全面、可持续的视角对待他们。

（二）让学生在课堂上"动"起来

课堂上，教师以学生为中心，让学生在学习过程中始终处于主动地位，说起来容易，做起来需要每一位教师的全心投入。通过听、读、看、说、做、思、议等教学方式互相组合，用有机互动的方法，后小教师成功激发了学生的自主性，让他们能够在课程中主动去发现知识内容、道理、规律、问题。学生不再仅仅是被动地接受知识，而是能够将每一堂课作为展现自己、发现自己、成长自己的宝贵机会，能抓住课堂上的每一分钟，和教师在发现问题、解决问题的互动中共同前进。

教师为了能够调动学生的求知欲和学习热情，以导学单、自主学习单、实验记录单、选择答题卡、阅读积累本、观察日记等方式为媒介，以实验操作为平台，将科学知识以生动的形象呈现给学生。在各种精心设计的课程、实验当中，学生通过亲自动手、动脑的探究活动，深入掌握课本中的概念与知识，并且从实际操作中获得科学探究的能力与技巧，在课后的反思、课外的实践拓展中，培养发现问题、解决问题的能力。

（三）让学生的思维在课堂上"活"起来

充满活力的课堂，不是教师与学生的忙碌与辛劳，而是要从思维和理念上让学生大脑"运动"起来。后小的课堂教学，一直以创新性和生动的展示效果为要求，鼓励教师通过生活展现、实物演示、画面再现、音响渲染、角色扮演、语言描绘等情境创设方式，增强学生对教学内容的感知、理解和思考。这些新颖的表现形式，能够最大限度激起学生的探究兴趣，避免教学内容的枯燥。利用多媒体等科技教学方式，能够从更多角度展现所学内容，让学生获得更好的理解。而让学生用自主表达、表演的形式参与到课堂展现中来，能够促进学生组织自己的思想来理解课堂知识，对于培养学生的自主思维能力至关重要。

在后小课堂中，教师经常会组建有效的小组合作学习，这种方式能够培养学生合作探究意识与沟通交流的能力，也让学生对校园集体产生更多的融入感，每一个学生的成长和进步都能作为激励的因素，带动周围的同学共同成长，这也实现了课堂作为一个整体的"鲜活"。通过多种多样的有效学习活动的开展，我们相信量变引起质变，一定能让学生的思维活起来，让创意火花碰撞出来。

课上有疑问、有发现、有讨论、有收获、有思考，全体学生自始至终地参与学习的全过程，通过交流、发现、辨析、总结，最终获得知识。在讨论和交流的过程中，使学生学会了倾听、接纳与评析，智慧课堂的打造让学生在实践中提升了自主学习的能力。

四、尊重每一个学生，面向全体的教学

（一）为了每一个，成长每一个

"为每一个孩子的智慧人生奠基"是我们的办学思想，作为教师，需要正确对待每个学生，不能因为学生在学习能力、学习态度上的差别区别对待。为每一个学生找到自己的兴趣点，激发每一个孩子的潜能，创设孩子们快乐成长的环境，是每一个教师的职责。后小的教学改革，从教师看待教学的思维方式入手，要求教师能够站在学生的角度分析问题，思考教学中产生的困难和矛盾，从而找到真正为学生着想的解决方案。实施中，教师也要充分听取学生的反馈，适时调整教学方式，以达到更理想的教学效果。

所以，在后小的教学方式中，让学生主动参与到课堂设计中来，可以充分激发学生的学习热情，提高学生的参与度，充分利用课堂时间；在不增加学生负担的情况下，提高学生的学习效果，把更多的时间留给学生自由发展和个性表达，让他们度过属于自己的七彩童年。

（二）发现每一个学生

教师在教学过程中要主动发现所教学生的特点，发现每一个学生的长处和不足，发现学生学习中的真需求，发现学生的真问题。在教育教学过程中以学生为本，突出学生主体地位。

干部要有高度的洞察能力，能够发现学校各年级各班孩子的现状，及时调整管理策略，促进孩子更好发展。

（三）按照"五每三转化"的要求上好每一节课

课堂教学是育人的主渠道，有一种说法叫"课大于天"，我比较赞同。每一节课都是教师与学生共度生命的历程，教师必须上好每一节课，不虚度课上的每一分钟，时刻牢记立德树人的根本任务，具体应做到"五每三转化"，即落实"每一个学生都有学习兴趣，每一个学生都有学习活动，每一个学生都受到关注，每一个学生都有机会，每一个学生都得到发展"的教学理念，实现"将内容转化为问题，将讲授转化为探究，将结果转化为共识"的教学路径，真正提高课堂教学效率，促进学生"发现、实验、创造"品质的形成，落实核心素养的培养。

第三节　真实的课堂，看得见的成长

凸显"三我"理念的智慧课堂，是我校倡导真实的课堂的具体体现。我们的教师在课堂上践行着、实施着，同时也收获着、幸福着，真实的课堂也有许多意外的收获，其中蕴含着我们教师丰富的教育智慧，请看我们4位教师的教学故事分享。

一、王新：真实的课堂因"意外"更精彩

新课程改革下的课堂教学是开放的、多向互动的。因此，在我们的课堂教学中经常会发生一些"意外事件"，它突如其来，常常令我们措手不及。作为教师，如果能够抓住学生的这些"意外"将会使课堂教学

更有效，更因为常与意外相遇而进发出令人惊喜的火花。

（一）教学回顾

记得在上《角的认识》这节课时，我把认识角、画角、角的分类和影响角的大小的因素都安排在了一节课中。在课前，我对教学内容作了精心的预设，但课堂上的一些突发事件还是令我始料不及，但正是这些未曾预料到的、学生制造出来的"意外情况"，让课堂变得生动、精彩起来。

那是在初步认识了角之后，我安排学生尝试自己独立画角，并请学生将自己画的角展示到黑板上。经过简单的巡视指导后，我请一个同学到黑板上去画角。也许是对教师的教具不太熟悉，他画起来特别费劲，好半天才画了一个特别小的角，底下的同学开始议论纷纷，我见此状况，立刻说道："哎呀，他画的这个角很好，只是这个角太小了，教师帮他改一改。"于是，我用粉笔将他画的小角的两条边延长了。之后，我猛然意识到这是一个非常好的教学机会。因为本节课的教学目标中很重要的一点还包括理解角的大小和两边的长短无关这一内容。如果在此时渗透这个知识点，不是一个绝佳的机会吗？于是我马上调整教学步骤，紧接着向学生提出一个问题："教师把这个角的边延长了这么多，你们看看，这个角的大小变没变呢？"学生仔细观察后，纷纷举手抢着回答：这个角的边拉长了，但它的大小并没有改变。我马上组织学生进行分组讨论：为什么这个角的边拉长了，但角的大小并没有改变呢？角的大小跟什么有关呢？

这时，教室里的气氛非常热烈，学生们兴趣高涨，讨论得非常积极，纷纷说出自己的想法，再加上我的适当启发，许多学生就能初步感知角的大小和边的长短无关。然后，我又安排了一个动画课件，帮助学生通过动手操作进一步去理解，从而收到了意想不到的教学效果，也进一步激发了学生学习数学的兴趣。

（二）教学反思

这节课因"意外"而更精彩。学生不仅学得认真，想得深入，讨论得也特别激烈，同时也留给我很多思考空间，让我对今后的教学有了新的认识。

1.将"意料之外"——变成情理之中。

德国现代教育家博尔诺夫创建的"非连续性教育思想"认为，从一定意义上说，教育并不是一种可以预料的活动，"偶然事件"对于人的成长更具有教育价值。课堂意外事件的处理，其实并不只是一种应对策略、权宜之计，它的背后是对教育的深层理解。只有走出狭隘的课堂教学观，将课堂教学与学生的实际联系起来，才能使"意料之外"的事件变成"情理之中"的设计。

在这节课上，我处理"意外事件"的关键就是迅速抓住"学生操作"与"教学内容"的关联，以坦然的心态去对待，积极思考对策，合理解决和利用，将其转化成课堂教学中的宝贵资源与财富。学生画角这一环节，表现出学生对教师的教具使用不熟练且画出的角让同学们议论纷纷，我顺势利导，修改学生所画的角，并引出了一个值得探讨的"角的大小与角的两边长短无关"这一问题，在师生、生生互动中解决这个问题。

2.贯彻教学新理念——教学设计要能随机应变。

有个别教师可能会认为，课堂出现意外就意味着教学效果不好，教学设计不到位，其实不然。新理念下的课堂是活的、随机生成的，课堂教学应该是师生共度的生命历程、共创的人生体验，是真实的生活经历。而不应该只有花架子，或者是呆板地跟着教案走，有的应该是学生实实在在地学，教师真真实实地教。水到渠成的教学效果固然好，意料不到的课堂意外也是正常的。

在这节课上，正当学生沿着我的思路顺顺利利地发展时，意外发生了。学生板书画角不顺利以及其他学生议论纷纷，而此时的"意外"又刚好为我所用。于是我重新构建了这堂课的教学设计，把出现的不利因素转化为有利因素，收到了调动学生积极性及加深对知识的正确理解的效果，促进课堂教学计划的完成并保证了课堂教学的质量，使课堂应变能力在教学中发挥出重要的作用。

3.正确看待师生关系——平等、关怀、尊重。

在现实生活中，我们习惯对违反纪律的学生进行批评式的教育，希望学生受到一些小小的惩罚后，下次不再重犯，也能给其他学生一个警告。虽然有一定的效果，但这样的做法往往很容易伤害学生的自尊心，使他们产生逆反心理。既要达到教育的目的，又要保护学生的自尊心，这就要我们努力提高批评的艺术，营造一个轻松、和谐、民主的教学环境。

在我们的课堂教学中，无论你如何精心预设，总会出现一些意料之外的情况。意外常有，而我们缺少的是对意外的机智处理及课后的反思总结。我想，如果自己能在实践中使用好这些"意外资源"，一定会从中受益匪浅，让课堂教学更加精彩。

二、张艳：捕捉生成的课堂信息，搭建展示个性的舞台

（一）教学回顾

在《计量单位》这一课时教学，有一项是称一称班里最胖和最瘦的同学的体重，因为这事，我还带来了家里的电子秤。

万事俱备，于是我精神饱满地走进教室。前面半节课进展还算顺利，一切都按照预设进行：首先我引导学生认识"克"并举例子说明，学生猜测、验证，于是引导出1000克可以用一个更大的单位千克来表示；接着，我拿出事先准备好的1千克装的柔顺剂，大瓶的饮料，4块约重1千克的香皂，让学生掂一掂，初步感受1千克的重量。

最后是"拓展延伸"环节，我很自信！因为每到这一环节，同学们都会异常兴奋。我轻轻地说："最近一周，有谁称过自己的体重？"五十多双眼睛愣愣地看着我，举手的却只有两个同学。我愕然！教学是一个动态过程，教师的教学机智应该表现在善于抓住一切可利用的契机，充分调动学生的积极性与能动性，达到最佳的教育效果。

我定了定神，大声说："我们做一个'猜体重'的游戏吧！"同学们听完个个摩拳擦掌、跃跃欲试。我先叫最瘦的学生旭站起来，让大家猜一猜他的体重，每当一位同学说出一个数字时，旭就作出相应的反应：轻了，重了。直到大家猜到他是31千克为止，同学们依然兴趣盎然。于是，我又请出班里的重量级人物——迪，谁知我的话音一落，教室里就开始了骚动："他那么胖，起码有50千克！"还没等我作出反应，另

一位就抢着说："他有2个旭那么重，得有70多千克吧！"我看到迪面红耳赤，大口大口地喘着粗气，愤怒地嚷道："我就是胖，怎么着？"同学们哄堂大笑……此时，学生的兴趣转到了迪的"胖"上，场面一下失控了。我不禁忧虑起来，心想：我该怎么收场呢？

青少年的心理特点是渴望得到社会的尊重和理解，期望同学和教师承认他们的自我存在。而我却忽略了平时有些同学经常拿肥胖嘲笑迪，"肥胖"已成为他的"痛"。我的无意正中他们的"有意"。如果我平时多了解学生，还会拿他做例子吗？作为教师，应善于捕捉课堂教学中生成和变动的各种有价值的信息，作为活的教育资源，努力创造条件去扶植它，栽培它，让擦出的火花熊熊地燃烧起来。我想：既然他们兴趣已转移，何不顺水推舟？

我故意深沉地说："是呀，一个人太胖会招来别人异样的目光，甚至是嘲笑，我深有同感！"我对着迪挤了一下眼，示意他坐下。（我的弦外之音是告诉大家：我也是胖人，自然地把他们的注意力重新吸引过来）同学们有些不知所措，怔怔地望着我。

"现在我有个问题需要大家帮帮忙！"我趁热打铁，紧追一句。

这时，同学们满脸疑惑：老师竟然要我们帮忙？于是，我顺势抛出这样一个问题：怎么才能知道一个人的体重是否标准呢？"爱美之心，人皆有之"，每个学生都会迫不及待地想知道自己是不是标准体重。沉思片刻，同学们便开始七嘴八舌地讨论起来，我趁机将U盘打开，迅速从收藏夹中搜索有关"标准体重"的公式：标准体重（kg）=身高（cm）－105，并用多媒体放出来，全班同学的目光齐刷刷地投向投影仪。看着同学们专注的表情，我卖了个关子：我161 cm、体重58 kg，是不是超重了？我若有所思，假装低头计算……

"哈哈，老师您超了4千克！"

"老师，您可要瘦身了！"课堂气氛立刻活跃起来。

看着同学们那张张童真的笑脸，我不好意思地笑了……

"哦，对了！我要看看你们是不是也超重了？"我边说边拿起笔计算……

"我差2千克！"

"我怎么超3千克？"同学们你一句我一句地说着。突然，一直闷闷不乐的迪蹦了起来："老师，我的体重正好符合标准体重！"

"啊！？"同学们有些惊讶。

我不慌不忙地解释道："青少年生长发育有快有慢，迪同学属于快进型，身高、体重均衡发展，刚才我们只看到他的体重而忽视了身高，所以大家觉得他很胖！"

"唉！原来是这样！"同学们恍然大悟，纷纷向迪投去羡慕的目光。

"但是！"我话锋一转，"人的体重与许多因素有关，不同人体之间有差异，一天不同的时间内也会有一定的变化，加之所处地理位置（如地心引力的原因）、季节、气候、自身情况的不同，对体重也有一定的影响，因而很难完全符合标准体重。也就是说，难以用一个恒定值来表示，而应当是一个数值范围，我们把这个数值范围称为正常值，一般在标准体重±10%以内的范围。所以刚才有同学说自己超了或不够标准，这没关系！你们正处在生长发育期，身高、体重还会随之发生变化，况且这个公式应该说只适合成年人，大家只要认识克和千克计量单位就行了！"

"知——道——了！"同学们昂着小脸，一字一顿地齐声回答。

（二）教学反思

教师"要有强烈的资源意识，去努力开发，积极利用"，要善于抓住课堂上的每一个契机，为课堂生成制造空间，随时处理课堂生成的信息，给学生搭建一个个展示个性的舞台。师生共同合奏一首激情澎湃的乐曲，何乐而不为呢！

三、周清华：巧用"意外"成就课堂教学的亮点

新课程下的课堂教学是一个动态生成的过程，因此，不可能是近乎完美、滴水不漏的，而是经常会有与课前预设不一致，甚至相矛盾的意外情况发生。说实话，我和很多教师一样，都十分害怕这些意外发生，怕这些意外脱离了既定的教学目标，脱离了设计好的教学轨迹，以致自己无法驾驭而耽误了教学时间。然而，课堂并不是我想象的那样完美，意外还是在课堂教学中时有发生。

以下就是我在教《乌鸦喝水》时课堂上遇到的意外事件。

（一）教学回顾

上课时我请同学们读课文并思考问题：这只口渴的乌鸦到处找水喝，最后喝到水了吗？是用什么方法喝到水的？学生争相举手回答："喝到了。它把石子装到瓶子里，瓶子里的水位升高了，乌鸦就喝到水了。"我赞许道："是呀！好聪明的乌鸦，遇到问题能开动脑筋，想到解决的

办法。"这时候涵涵同学突然说："我觉得乌鸦不一定能喝到水，因为石子把水淹没了。"我一惊，问道："我们平常说水淹没石子，怎么说石子淹没水呢？"他坚定地说："是的，我在家里预习的时候做过实验了！""哦，那你给同学们再做一次好吗？"他高兴地拿了一个塑料瓶子，瓶子装了五分之一的水，然后放进石子，石子是把水淹没了。原来他是有备而来啊。我借机表扬了涵涵同学善观察、爱动脑、爱实践以及积极探索的精神。教室里顿时热闹起来，议论纷纷。"是呀，刚才老师没有想到呀，如果是在杯子里的水很少的情况下，石子会把水淹没了，乌鸦是喝不到水的。大家再来看看课文对瓶子里的水量是怎样描述的。"课文里写着"瓶子里的水不多"，"你们怎么理解这句话？"生1说："水不会很少，可能只是没有装满。"生2说："可能是水不多也不少，我是从图上知道的。""那我们再做一次实验验证一下，乌鸦是怎样喝到水的好不好？"于是我和同学们又做了一次实验，观察乌鸦是怎样喝到水的。

（二）教学反思

在本课中，我以几个平常的问题激活了学生的思维，学生很快从文中找到了答案，这也是我在备课中所需要的。我原以为学生都会说乌鸦能喝到水，但却有一个学生意外地提出了乌鸦可能喝不到水的情况。这一问是我在备课时从未考虑过的情况，这可能就是情境的瞬息万变。以前遇到意外，我怕耽误时间，不能完成预设的教学任务，就拒绝了这种意外发生。现在根据新课程的标准，我尊重了学生的主体性，成为学生的听众，听他把话说完，没有抑制学生的独特体验。学生将自己的独特认识说出来并演示出来，其他学生能直观地观察到什么情况下投石子水位上升，什么情况下投石子水被淹没，学生从而能理解"投石子"不一定就会使水位上升的道理。这样既激发了学生学习的积极性和主动性，又可以培养他们的观察能力，训练他们的发散思维。

本节课因为这一意外的提问、学生的实验，才使我对教材有了新的认识，从而通过我的有价值的引导，启发学生积极动脑，深入地思考。学生在观察的基础上，通过对课文的质疑、释疑，不但加深了对课文内容的理解，而且培养了学生的批判意识和问题意识。正因为教师给了学生质疑、释疑的机会，学生才敢说、敢做。同时，这意外的事件凸显了语文教学的开放性，也对教师提出了更高的要求：不断地在实践中学习、摸索、思考、积淀，充实自己。我们要凭借自己的智慧与应变能力，巧引妙导，让那份意外成就一份美丽。

教学是一门艺术。面对形形色色的学生，教学应该是万花筒，在不断地旋转中变化出无穷的美丽图案。课堂应是向未知方向挺进的旅程，随时都有可能发现意外的通道和美丽的风景，而不是一切都必须遵循固定的模板而进行。利用课堂生成性资源，就要求我们学会倾听，并在倾听过程中发现他们困惑的焦点、理解的偏差、观点的创意、批评的价值，再因势利导进行教学，这将会让我们收到很多意想不到的惊喜。我们巧妙利用"意外"，使之成为一堂课的"亮点"。

四、胡颖：构建以"动态、开放、参与"为特征的美术课堂

我参加北京教育学院实验绘画班一年的学习之后，内心有了质的蜕变。我不仅自身有了很强烈的创作热情，而且对教学有了深刻的感悟：我们应该有自己的东西，不能随波逐流，不管是画法还是教法，都要有

所创新，小学教师也不例外。教师还要教会孩子们学会不拘泥于一种方式的独立思考，学会将被动学习变为自主学习。

为此，我分析背景，分析学生，真正进行了教法与学法的研究与尝试。

我所在的后南仓小学是一所百年老校，教师的年龄也普遍偏大，平均年龄为40多岁，教学观念普遍保守刻板。近几年来，我们学校有了新变化，教学理念变为"我发现·我实验·我创造"。因此我以此理念为依托，以在实验绘画班学到的知识为指导，着力开发学生独立思考、实践创新的学习方式，改变以往为教而教的旧观念。

（一）教学回顾

课前准备很重要，也是学生体验绘画神奇的先决条件。我在课前已经让美术小组的同学参与了整幅画上半部分的创作，但是他们也不知道自己画的那一小块一小块的图案是什么。不揭穿谜底也是让他们对这次神奇创作有一个充分的体会。

课上，我准备了八十厘米宽、一米多长的一块大磁力板，立在讲课大厅前面，我拼完的上半部分已用白纸遮盖好，给学生一种神秘感。每个学生的课桌上，我都为他们准备了一张1厘米见方的画片（整张照片裁开），以及5厘米见方的小磁力片，并且在各自背后都标注有相同的数字，数字下面画有一条横线，这些足以勾起学生的好奇心了。此时我适时引导，让学生通过自己的观察来思考问题："纸片背后的数字为何用横线标注？前面的大块磁力板为何也画有格子、标有数字？"聪明的孩子很快就能发现它们之间的联系，抢着回答："我们画完小磁力片，要去前面对号入座，粘到大磁力板上，横线是为了标注方向用的。"接着他们带着自己的发现去摸索着进行实验绘画，在不明白自己画的小画片上的图案是什么的情况下，一张张地贴到了前面的大磁力板上。当他们合作完成了剩下的半张创作时，我再次提问："你们能猜到自己画的是什么吗？"学生们依然没有统一的答案，众说纷纭。我不动声色，像个魔法师一样揭开覆盖在上面的半张白纸，孩子们立刻沸腾起来："吴老师，吴老师，是吴老师……"声音响彻整个大厅，坐在最后排的班主任吴老师也兴奋地起身和大家挥手致意。许久，孩子们依然不敢相信这么逼真的画像竟然出自他们自己的手，在惊呼声中收获着喜悦。当他们安静下来时，已然回味出整个绘画的过程与方法，此时我及时利用PPT演示进行释疑，帮助孩子们整理思路，总结出这种化整为零的绘画方法，使他们的印象极为深刻。

（二）教学反思

这种教学方法较之以往注入式的教学方法简单易懂，而且效果甚好，还能激发孩子们的潜能，让他们有更多对实验绘画体验的创作欲望。这不仅契合了学校的教育理念，更多的是巧妙地让学生把教师要教的东西变为自己要学的东西，还能进一步创新实践。从学生的学习状态和效果来看，他们能全身心地投入到学习中去，对学习的内容充满好奇，更加愉快地进行学习，对于教师的教学，学生的积极性很高，也就起到了事半功倍的效果。

学生自身发展的需要激发学生学习的自主性，提高了学生自主学习的能力，不仅是当下教育的需求，更多的是学生自身的需求。我们所教的美术科目，不同于主科的教育，它能培养学生的情操，是素质教育的重要组成部分，通过此举，可以达到"授人以鱼不如授人以渔"的教学目的。

在今后的教学工作中，我会继续构建以"动态、开放、参与"为特征的"自主学习"课堂，强化学生学习的自主权，提供成功的机会，鼓励合作学习的教学策略，将我校的"我发现·我实验·我创造"的"三我"理念贯彻于美术教学之中。

第四节　建立机制　形成文化

随着课堂教学改革的深入开展，教学研究形式也在不断改进。好的教研形式，可以使教学体系的改革有效而顺利地进行。在教研过程中，教师们也收获着，成长着。我们进行着这样的尝试，同时收到了一定的效果。

一、"五化一评"成机制

学校高度重视教师队伍建设，制定并不断完善教师专业发展规划，通过多种形式加强教师专业素养的提升，形成了"专业学习常态化，校本教研多元化，研修方式多样化，业务培训经常化，教师培养普适化及年度'五星'教师评选"的"五化一评"研训机制。

通过多角度的不断评价、反思每一次教学过程，并且让整个教师团队尽可能参与到每一次研讨当中，这一机制为教师提供了更多思考、实验、创新教学方式的机会，并且让更多成果的尝试案例得以出现并及时得到分享。通过微格课、教研课、引路课、观摩课、常态课、评优课等课例研究形式，干部教师们养成了不断反思研讨、不断提升、常态学习的工作作风。学校教学改进的速度不断加快，"三我"智慧课堂模式日益完善。

"五星"教师评价体系的实施，让教师们工作有了目标，有了动力，同时对自己有了更高的要求。人人争当"慧教之星""创新之星"的局面已经形成。

为了更好地改进课堂教学，我们的干部和听课教师还切实做好课堂观察。课堂教学观察表也是不断改进的结果，是我们在总结了无数课程特点后制定的课堂教学评价体系，它能够直观地、标准化地表现出课堂的教学效率和活跃程度。我们还采取《发言统计图》的办法，记录课堂学生的活动，长期的数据积累，成为我们持续改善教学的经验财富。我们还在学校评课听课期间评选校级"发言星"，想办法激发学生爱学习，会学习。我们认为，只有构建良好的课堂生态，让课改理念真正落地，才能促进学生健康成长。

二、在不断反思中完善课堂教学

反思是教师良好的教学习惯，教师只有不断研究，善于反思，才能不断进步，不断提高课堂教学水平，从而使孩子们在课堂上得到更好的成长。我们的教师人人善于研究，人人善于反思，下面请看看我校科学教师的教学反思，感受教师的成长与进步。

我校科学教师靳春松的教学反思案例如下：

科学教学重在培养学生的科学素养，以科学探究为核心，科学探究又重在学生探究的过程。每次教学实践之后，我都要不断反思自己的教学行为，关注课堂的有效生成。学生是课堂的主人。学生只有在课堂教学中自主合作学习，亲身经历学习的过程，学习的效果才是有效的。让学生动手实践、自主探究、合作交流是学生学习的重要方式。因此，在小学科学课中，培养学生的合作学习更是至关重要的。以《纸的承重》一课为例，谈谈我的体会。

课前准备：在学习《搭支架》进行"请你用最少的材料，搭建一个超越0.2米的稳固支架，看哪个小组搭的支架承受的重物多"时，各个小组的学生摩拳擦掌，学习热情极高。于是我灵机一动，对大家说："我们在下次科学课开一次小小科技运动会，在比赛中揭开一些形状与力的秘密。"

"老师，都比赛什么项目？"

"老师，准备什么材料？"

"你们找一些废旧报纸就行了，至于比赛项目……到时候你们就知道了。"

1.热身比赛，初步感知物体形状与承受力的关系。

比赛的日子到了，只见黑板上写着红色大字"四（1）班小小科技运动会"。全班分成12个组，每个组都急盼比赛项目。

我双手捏住一把尺子的两端。"如果我把一只手松开，尺子还能保持水平状态吗？"我问大家。"那不成。"同学们毫不犹豫地回答。"如果把尺子换成一张纸条，纸条还能保持水平吗？""能！"就在大家犹豫不决时，一向不服输的王浩军大喊着。"那好，王浩军，你过来试一试。"王浩军跑到讲台前，用一只手捏住纸条一端，满怀信心地等待纸条另一端保持水平。唉，随着大家的叹息，纸条的另一端慢慢地垂了下去。接着，又有几个同学试了几次，都没有成功。这时我把纸条从中间对折一次，然后用手捏住纸条一端，纸条竟然没有下垂。"纸条不光能稳住，还能托住粉笔呢，你们看。"说着，我往纸条悬空的一端放粉笔，一根、又一根……同学们的嘴越张越大，一张自己都支持不住的小纸条，竟然横空出世托住了四根粉笔，这小小的纸条是不是有了魔法？"看，这样改变一下纸的形态，轻轻地折一下，不仅能保持水平，还能放上粉笔呢，这个小游戏说明了什么？……"

"嘟，我宣布，第一场比赛'纸条横空'胜利了！"我故意自豪地大声喊道。"不算，不算！"王浩军带头叫了起来。"好，刚才'纸条横空'就算比赛前的热身，下面进行第一场比赛'纸桥承重'。"

2.第一场比赛，小组研讨，初尝胜果。

"这是一张没折过的白纸，我们用它做桥面，用两个酸奶盒当桥墩，就组成了一个简易的纸桥。那么这一张纸的桥面有没有承重力呢？我们来试一试。"（放一根吸管没问题；放上一张骨牌却坍塌了）因为骨牌也很轻，当时同学们都猜想是可以的，结果却坍塌了。"看起来这个纸桥面的承重有限。那么你有没有办法用这张纸做一个桥面让它能承受一张骨牌的重量呢？"这次可是有要求的：

不能移动桥墩。

不能用书压住纸张。

不能使用任何辅助工具。

第一场比赛"桥面承重"就用一张A4纸做桥面，教师事先摆放好的书籍当桥墩，看它能承受多少骨牌。哪个小组搭的桥面承受的骨牌多，哪个小组获胜。学生兴趣盎然，积极性立即高涨，马上进入思索讨论阶段，性急的小组拿起骨牌就往桥面放，纸桥马上塌了。一组模仿着小拱桥，把纸搭成一座拱形，然后小心地在小桥上放骨牌。"一，二……"小桥承受了5张骨牌，他们高兴地举手报告老师，我表扬了他们，说："做得好，继续努力。"我们组和他们不一样，是把纸折成"凵凵"形，能放6张骨牌呢。三小组学生拿着自己的桥面展示着，各小组积极地动手、动口、动脑，不断实验、思索、比较，很多学生通过研究有了新的发现，同样一张纸折成不同的形状承受的骨牌不一样。各种形状的小桥多达十多种，"我们组能放……"一个个记录不断被打破，骄傲、激动、兴奋的神情展现在学生的脸上。

　　我看到同学们都忙着做自己组的桥面，没时间看其他组的。于是我准备找几个组同学到前面来展示。我们找了汇报时的前4名到前面来比赛。最后王浩军这一组折成的瓦棱形桥面，以能够承受住22张骨牌而夺魁。（科学课的教学重在"动手"，重视让学生从"亲身经历以科学、探究为主的学习活动"入手，亲自去观察、测量、记录、整理数据、讨论交流……因此，科学课教师要为学生创造动手的机会，给他们提供学习的资源和器材，留给他们足够的时间和空间，放手让他们去"真刀真枪地搞科学"。根据学生的需要发给他们器材，并要求他们尽可能多地搭出各种纸桥。最后学生搭出的纸桥有"平面桥""拱形桥""波浪桥""凹面桥"等十多种。正是由于学生亲自经历了动手的过程，他们的成果让人耳目一新。合作学习是指学生在小组或团队中为了完成共同的任务，有明确的责任分工的互助性学习。合作动机和个人责任，是合作学习产生良好教学效果的关键。第一场比赛通过每个小组成员的通力合作，都感受到了成功的喜悦。）

3.第二场比赛，小组分工协作，再创佳绩。

通过刚才的经验介绍，我想要是再比一次大家一定能有更好的成绩！下面我们就来进行第二场比赛，不过比赛的内容有所不同了。在揭晓比赛内容之前，老师有一个问题要问大家：刚才我们把纸张横着放，经过折叠，改变了纸的形状，从而改变了纸的承重。那么，你们说纸要是竖着用会不会也是这种现象呢？那结果到底如何呢？我们拭目以待。接下来让我们一起来看一下比赛内容和规则。

比赛内容：制作纸质支撑物

制作要求：

（1）用规定纸张制作纸质支撑物。

（2）以小组为单位先讨论、统一意见后再制作。（可画出设计草图）

（3）胶带只能作为粘接使用，不得缠绕。

（4）放上3本书，支撑物不坍塌，即为成功。（向教师举手示意）

制作试验时间：4分钟

第二场比赛开始了，秒表倒计时开始，同学们紧张地忙碌着。但是忙中不乱，小组成员先讨论，再画设计图。然后组长分工，"你折、我粘、他放书"，分工协作把16开的卡纸折成了各种形状。时间到，同学们长出了一口气，大部分小组都在规定时间内成功了。说一说，你们都做了哪些形状？有的说圆柱，有的说长方体，还有的说把扇形卷起来……总之，众说纷纭。（合作学习将个人之间的竞争转化为小组之间的竞争。如果学生长期处于个体的、竞争的学习状态之中，久而久之，学生就很可能变得冷漠、自私、狭隘和孤僻，而合作学习既有助于培养学生合作的精神、团队的意识和集体的观念，又有助于培养学生的竞争意识与竞争能力。）我看到同学们兴趣正高涨，于是只作简要评议，赶紧布置下一场比赛。"那么我们做的这些形状，哪种承受力最大呢？怎样组合最好呢？我们接着进行下一场比赛，要评出一、二、三名。"

4.第三场比赛，各组互相学习，竞争夺冠。

请一位同学宣读比赛规则：

（1）将3张纸组合使用，制作纸质支撑物。

（2）在规定时间内完成制作并承重。（重物为书）

（3）支撑物倒塌，成绩无效。（中途倒塌，可重做）

（4）时间到，各组停止操作，记最终成绩。

（5）时间为8分钟。

"你们清楚比赛规则了吗？好，秒表倒计时开始。"学生饶有兴趣地折着、卷着，科学地比试着，组合成各种形状。各组你追我赶，各不相让，不时传来的惊叹声，将比赛一次次带向高潮，"二十九本、三十本。"第七小组的喊声吸引了大家的目光，只见第七小组把三个圆柱纸筒捆绑在一起，上面放了一大摞书。他们扬扬得意地放上第三十一本时，"哗——"纸筒塌了。正当这边山穷水尽时，那边的第九小组却是柳暗花明，他们受到第七小组的启发，把三个圆柱摆成了三角形，而且悄悄地放上了三十本书，队长决定挑战一次，他小心翼翼地把三本书一起放到纸筒上，哇！成功了，周围爆发出一阵欢呼声。最后，这一小组得了第一名，一共放了69本书。第七小组的同学很不服气。"我看有的小组不太服气，有些遗憾。不用遗憾，我们还有机会再比。从活动中你知道了什么？""纸筒改变了，能压的重物个数也变了。""物体形状改变，承受力不一样。"……科学的种子悄悄地在他们心中发芽、生根。（科学课的教学重"过程"，具有一定的挑战性的动手活动，将学生的探究热情推向新的层次。学生在亲自探究的过程中，经历由简单到复杂的科学探究过程，让学生在原有的基础上更进一步，并在交流汇报中获得了借鉴他人之长、反思自己的体验。结论是由学生自己或共同讨论得出的，虽然他们得出的结论欠准确，语言表述欠严密，解释也欠科学，但只要学生自己动手做了，经历了，像科学家那样真刀真枪地"搞"科学了，他们的科学素养就能得到发展和提高。经过几轮比赛，小组的合作与竞争，同学们不仅学会了与他人合作，尊重他人，而且增进了同学之间的感情。）

课外延伸：

带着大家一起欣赏纸桥的图片。

布置作业：利用废旧报纸做一个纸凳。

要求：（1）必须用废旧纸张制作。（2）可以承受自己的重量。（3）所用材料总重量越轻越好。

"刚才有的小组同学不服气，我们这次可以进行做环保纸凳、纸椅的比赛。"这样不仅对学生进行了环保教育，更激发了他们的斗志。

（科学课注重开放性，一堂科学课并不因铃声的响起而结束，应该把科学探究置身于课堂以外更广阔的时间与空间当中，让学生带着众多的问题到课下更广阔的天地去继续研究。在活动中学会发现自己有很多不懂的事、不理解的新问题，从而让他们产生新的学习需要，调动其内在的学习动力。）

一次小小科技运动会结束了，但是留给教师和学生的思考却没有结束。未来社会是一个竞争与合作并存的社会，"学会交往""学会合作"是时代赋予人才的基本要求。只有能与他人合作的人，才能获得生存空间；只有善于合作的人，才能赢得发展。本节课学生在折纸的过程中，小组协调，合理分工，动手、动脑，想方法把自己组的形状折好，完成"不同形状纸的承受力大小不同"的活动。学生在折纸时那份认真，那份仔细，使我真切地体会到亲历科学给学生带来的无限魅力，学生的科学素养也在这样的过程中得以提升。

本案例极大地调动了学生的积极性。学生的探究时间充分，合作意识强烈，体现在以下几个方面：

第一场比赛折桥面，通过小组的通力合作，使他们体会到成功的喜悦，并养成学会倾听他人的汇报，尊重他人的学习品质。

第二场比赛是折叠桥墩，是为第三场比赛作铺垫。在要求中，教师强调"以小组为单位先讨论、统一意见后再制作"，目的是发挥小组成员的集体智慧。

第三场比赛是整堂课的高潮。科学课的教学重在"运用和创新"，创新建立在联想和实践的基础上，运用和创新是紧密联系的。第三场比赛就是教师在教材之外增加的活动内容，在此过程中，不断评价、反思自己的探究行为，提高他们的创新能力，使他们获得成功。这场比赛中既有合作，更有竞争。既营造了竞争、活跃的课堂气氛；又考虑到保护孩子的积极性：无论在小组比赛中成功与否，都有尝试成功的机会，都能体味成功的快乐。

由于新课程倡导学生体会科学探究的过程，在体验中参与，并发挥学生的主观能动作用，所以在这里只告诉研究纸的形状与承受力的关系，至于纸折成什么形状，完全由学生自己决定。实验过程完全由学生自己控制完成。学生自主性得到很好的发挥。

本次教学的整个过程都是在比赛中进行的，极大地调动了学生的积极性。科学课程标准中有这样一段话："科学课程在培养小学生科学素养的时候，重点不在于科学知识体系的传授，而在于通过引导学生亲身经历科学探究的过程，激发对科学的兴趣，形成科学的态度和科学探究能力。"本课为学生提供了充分的学习探究机会。学生在折形状的过程中，引起他们对不同形状纸的承受力大小的思考，激发学生探究与纸的形状有关问题的欲望。

通过《纸的承重》这一课的实践与反思，充分证明了教师只有不断反思，及时改进，教学效果才能越来越好，达到课堂最优化。

三、凸显"三我"的课堂文化悄然形成

经过几年的探索与实践，回首走过的课堂建设之路，我们静心思考，课堂建设为我们的教师、学生及学校的发展提供了更为广阔的空间。

真实的课堂，始终围绕着"三我"模式开展，"发现·实验·创

造"已经成为我们干部教师的管理模式、工作模式，学生在课堂上始终占据主体地位，突出主动特征，通过倾听、阅读、观察、表达、动手、思考、议论等方法，能够主动去发现知识的内容、内涵、规律以及与其他事物间的内在联系；发现世界上、自然界中美好的事物；发现问题所在；发现教师、同学、家长身上的优点；发现自身的特点以及长处和不足等，不断提高观察能力和辨别能力。

我校教师在我区历届春华、秋实杯课堂教学大赛中均取得好成绩，在全国自主教育联盟校赛课中、京津冀通武廊教育共同体赛课中都取得了好成绩。

学生们在学校健康快乐地成长着，"我发现·我实验·我创造"的"三我"品质正在形成，学校毕业生的素养得到对口中学的称赞。

今年是我校建校117周年，百年不是发展的终点，而是新的起点，我们将在超越的路上演绎学校课堂教学工作新的精彩。

第六章　学生成长——求茁实

小学六年，正是孩子们成长的最佳时期，让孩子们身心健康，茁壮成长，拥有扎实的知识基础，是我们的不懈追求。

第一节　用"五星"少年为学生树立成长目标

一、"五星"少年的提出

在全国教育大会上，习近平总书记深刻指出，培养什么人是教育的首要问题。我国是中国共产党领导的社会主义国家，这就决定了我们的教育，必须把培养社会主义建设者和接班人作为根本任务，培养一代又一代拥护中国共产党领导和我国社会主义制度，立志为中国特色社会主义奋斗终身的有用人才。这是教育工作的根本任务。

学校教育要实施新时代立德树人工程，深入推动习近平新时代中国特色社会主义思想进教材、进课堂、进学生头脑，构建德、智、体、美、劳全面培养的教育体系和更高水平的人才培养体系，健全家庭、学校、社会协同育人的机制，形成全员育人、全程育人、全方位育人的格局。

据此，我们提出了"五星"少年的培养目标。开展"五星"少年的评选表彰活动，使学生形成正确的价值观，正确认识自己，悦纳他人；取人之长，补己之短。树立学生身边的典型形象，号召全校学生人人争做"五星"少年，个个都向"五星"少年学习，为培养"具有'三我'

品质，全面发展，快乐成长的智慧少年"奠定基础。

"五星"分别为：文明之星、勤奋之星、健美之星、科技之星、艺术之星。"五星"内容涵盖学生全面发展的诸多方面，其中"文明、勤奋、健美"之星是依据我校"文明、勤奋、健美"的校训而定；而我校是北京市科技特色校，所以科技之星凸显我校的科技特色。

围绕"五星"少年的五个方面，每个大五星下面又包含五个小五星维度的内容，并且有具体的行为规范要求。

"五星"少年评价的实施，是我校落实"五育并举"要求的具体体现，是我校科技教育、特色教育的具体体现，是学生"三我"品质形成的重要途径。它充分体现了育人的目标性、适切性和操作层面的可行性。

二、"五星"少年评价体系的具体内容

我们将"五星"少年评价内容以表格的形式进行了总结和梳理。

后南仓小学"五星"少年评价指标体系

名称 （一级指标）	维度 （二级指标）	要求 （三级指标）
文明之星	爱国星	低年级：升国旗，要敬礼；唱国歌，要肃立。 中年级：热爱祖国，热爱人民；升旗时严肃认真，放开声音唱国歌。 高年级：热爱祖国，热爱人民；升旗时严肃认真，放开声音唱国歌；了解相关党史国情，珍惜国家荣誉。

续表

名称 （一级指标）	维度 （二级指标）	要求 （三级指标）
文明之星	守纪星	低年级：铃声响，进教室；上课时，坐端正；教室里，轻轻走；出教室，不拥挤；上下楼，靠右行。 中年级：按时到校上课，让家长送到指定地点，不迟到、不旷课；遵守学校纪律，不私自拿别人东西；课间不追跑打闹；放学排路队，到指定地点解散。 高年级：按时到校上课，让家长送到指定地点，不迟到、不旷课；遵守学校纪律，不私自拿别人东西；课间开展正常游戏活动，不追跑打闹；放学排路队，到指定地点解散。
	诚信星	低年级：对他人，不说谎；做错事，勇承认；捡东西，要上交；借东西，要归还。 中年级：做错事情要勇于承认，认真改正；借别人东西要自觉归还；无论校内校外捡到东西，要主动上交学校。 高年级：做错事情要勇于承认，认真改正；借别人东西要自觉归还；无论校内校外捡到东西，要主动上交学校；要讲信用，遵守承诺。
	礼仪星	低年级：见教师，要问好；文明语（请、谢谢、对不起等），要会用。 中年级：主动问候长辈、客人和教师，会使用文明用语；礼貌待人，双手递接物品；尊重教师和同学，与同学友好相处。 高年级：主动问候长辈、客人和教师，会使用文明用语；礼貌待人，双手递接物品；尊重教师和同学，与同学友好相处。
	责任星	低年级：自己事，自己做；家务事，要帮忙。 中年级：自己的事情自己做，家务事要主动帮忙；了解《小学生守则》内容并按要求去做；在做错事的情况下，勇于承担责任。 高年级：自己的事情自己做，家务事要主动帮忙；掌握《小学生守则》内容并按要求去做；在做错事的情况下，勇于承担责任。

名称 （一级指标）	维度 （二级指标）	要求 （三级指标）
勤奋之星	读书星	低年级：读课文，音正确；要流利，有感情。 　　　　古诗词，天天诵；按年段，记忆牢。 　　　　经典书，坚持读；好习惯，最受益。 　　　　会积累，善表达；读书赛，成绩佳。 中年级：能够正确、流利、有感情地朗诵课文，坚持每天经典诵读半小时，养成天天诵读的好习惯。能按中年级段要求熟背古诗词，学会积累，善于表达，能把读书的感受通过说、写、画等形式与同学交流分享，并在读书比赛中取得好成绩。 高年级：能够迅速、正确、流利、有感情地朗读课文，并深入理解课文内容；能条理清晰、详略得当地进行表述。坚持每天国学诵读一小时，养成天天经典诵读的好习惯；能按高年级段要求熟背古诗词，自觉积累成册；能把读书的感受通过多种形式与同学交流分享，并在读书比赛中取得优异成绩。
	书写星	低年级：做作业，要认真；仔细读，用心看。 　　　　坐姿正，字迹清；写工整，保正确。 　　　　按时完，卷面净；有错题，及时改。 　　　　独立做，不抄袭；勤练字，形美观。 中年级：书写姿势规范正确，严格做到三个一，"眼离书本一尺，手离笔尖一寸，胸离桌面一拳"；字迹书写工整端正，匀称美观；作业干净整洁，不乱涂乱画；格式要按照统一要求；内容正确率要高，有错及时改正。 高年级：养成自觉完成作业的好习惯；书写姿势正确，头正、身直、臂开、足平；书写认真、字迹工整美观；独立思考，保质保量，有错分析改正不抄袭。

续表

名称 （一级指标）	维度 （二级指标）	要求 （三级指标）
勤奋之星	计算星	低年级：静下心，看准题；算正确，必检查。 　　　　勤练习，方法巧；习惯好，成绩优。 中年级：养成认真审题、独立计算的好习惯，弄清题中的运算符号、熟记运算法则，运算顺序要判断正确，看清数据抄写正确，保证每步计算正确，逐步检查验算，有错独立分析错因并及时改正。 高年级：养成良好认真、正确计算的好习惯，能口算的要迅速且正确，不能口算的要主动列竖式计算，并自觉养成逐步检查验算的好习惯。有估算意识，能合理巧妙利用简算、速算，计算结果又快又对，能独立分析错因并及时改正。
	发言星	低年级：专心听，细心想；勤思考，善分析。 　　　　欲发言，手先举；经许可，方起立。 　　　　站直答，声洪亮；表完整，有新意。 中年级：学生能够认真倾听，积极独立思考，敢于猜测、想象，发散思维并提出自己独到的见解；发言积极踊跃，表达清晰完整有逻辑。 高年级：学生会专心听讲、懂得倾听别人发言，善于独立思考、有独到见解，敢于合理想象、推测，发言声音洪亮，观点有理有据，表达清晰、有新意。
	聪慧星	低年级：会思考，独立想；心思敏，视野广。 　　　　有见解，懂合作；善发现，敢实践。 　　　　能示范，会引领；有专长，成绩佳。 中年级：学生能在开放的教学内容中，利用多种感官，自觉、主动积极地参与课堂学习，善于发现、探索新知、敢于质疑、勤于思辨、勇于实践、学有专长、成绩优异。 高年级：学生能够积极参与讨论、操作、合作、评价，善于从不同角度去发现、提出、分析、解决问题；能够独立归纳整理，发表独到见解；逻辑思维能力强，善于合作交流，方法灵活多样，各科成绩优异。

名称 （一级指标）	维度 （二级指标）	要求 （三级指标）	
健美之星	自护星	低年级：	保视力，做眼操；三个一，要做到。 爱生命，保安全；会锻炼，免受伤。
		中年级：	运动前，要热身；游戏时，守秩序； 守纪律，不互扰。
		高年级：	多热身，不损伤；强对抗，更防伤； 听指挥，最安全。
	做操星	低年级：	集合时，快静齐；站队时，精神足。 节奏准，力度强；四套操，都做好。
		中年级：	呼口号，声音亮；做动作，要标准； 有力度，练身体。
		高年级：	爱做操，不用催；身矫健，动作美； 向我看，做表率。
	竞赛星	低年级：	运动会，体育节；竞赛项，勇参加。 得名次，成绩好。
		中年级：	有竞赛，争报名；勤练习，多准备； 爱运动，勇争先。
		高年级：	练身体，在朝夕；勤锻炼，创佳绩； 校荣誉，我担当；为学校，把奖拿。
	特长星	低年级：	爱运动，有特长；保两项，意志坚。 常锻炼，讲科学；运动广，益终身。
		中年级：	多涉猎，兴趣广；看自身，有专项； 下苦功，求发展。
		高年级：	体育范，最阳光；逞英豪，竞技场； 拿荣誉，神飞扬。
	体能星	低年级：	按年级，练项目；打基础，创佳绩。 重基础，提弱项；练身体，保健康。
		中年级：	不偏项，都参加；下苦功，在日常； 测体能，全达优。
		高年级：	争达标，在当下；全优生，羡煞人； 体健美，才最美。

续表

名称 （一级指标）	维度 （二级指标）	要求 （三级指标）
科技之星	巧手星	低年级：看结构，细琢磨；慢动手，稳操作； 　　　　细节处，不放过；外观美，样式多。 中年级：能够较熟练地参照说明独立完成小制作，造型美观，细节精致；能够解释自己的小制作的科学原理。 高年级：独立且富有创造性地使用材料制作作品，外形美观，作品主题突出。
	观察星	低年级：善发现，细观察；详记录，勤搜索。 　　　　资料全，收获多；分析准，有成果。 中年级：对周围事物、动植物等能够较为准确地辨别，对其特性或习性有一定的了解，能写出观察记录。 高年级：对动植物名称、属别有清楚的认识，个别动植物难以分辨的会借助工具查找相关资料，填写完整清晰的观察记录单。
	实验星	低年级：做实验，要注意；保安全，多思考； 　　　　实验中，记录好；有发现，有推导。 中年级：能够按顺序和步骤完成实验，保证实验安全；能准确记录实验过程和实验现象，了解其中的原理。 高年级：独立规范地完成实验，对于实验中可能存在的问题有预设；翔实准确记录实验过程和发生的实验现象；对于实验的科学原理阐述清晰。
	智慧星	低年级：想法多，办法妙；善分析，擅动脑； 　　　　大赛中，发挥好；成绩优，文章妙。 中年级：对于科学知识掌握程度较高，积极参加各类科技知识竞赛，能在校级或区级比赛中取得成绩。 高年级：科学知识丰富，积极参加各类科学知识竞赛，在区级或市级科技知识类竞赛中取得好成绩。

名称 （一级指标）	维度 （二级指标）	要求 （三级指标）
科技之星	创意星	低年级：新想法，不寻常；亲手做，实验勤； 　　　　小创意，大用场；发明巧，成果强。 中年级：在家长和教师的协助下完成创意作品，对于作品的制作过程全程参与，对作品有准确的阐述。 高年级：独立完成创意作品，作品有独创性，符合科学规律，有一定的推广和应用价值，参加区级或市级竞赛成绩突出。
艺术之星	舞蹈星	低年级：爱音乐，爱跳舞；有水平，能吃苦； 　　　　基本功，要扎实；坚持练，有进步。 中年级：认真上好音乐课，多了解有关舞蹈知识；坚持参加校内外舞蹈训练，争取获得三级以上考级证书或区级二等以上奖项。 高年级：认真上好音乐课，练习舞蹈要持之以恒，取得六级或以上证书或区级一等以上奖项。
	器乐星	低年级：爱音乐，会乐器；勤练习，细琢磨； 　　　　课内外，多展示；有进步，有证书。 中年级：音乐课上认真听讲，基本掌握基础乐理知识，乐器演奏能够达到三级以上水平，或获得区级以上奖项。 高年级：能够了解乐器基本结构和知识，熟练掌握相关乐理知识，乐器演奏技巧纯熟，达到七级以上水平，获得区级一等以上成绩。
	声乐星	低年级：爱音乐，爱唱歌；有表情，善表演； 　　　　校内外，勤练习；有进步，有证书。 中年级：认真上好音乐课，积极参与学校合唱团，争取取得四级以上考级证书或区级二等以上奖项。 高年级：了解中外音乐家的故事，拓展音乐视野。了解并掌握相关歌唱知识，争取获得六级以上考级证书或区级一等以上奖项。

续表

名称 (一级指标)	维度 (二级指标)	要求 (三级指标)
艺术之星	摄影星	低年级：爱生活，爱摄影；大小事，善发问； 拿相机，按快门；常练习，有进步。 中年级：热爱校园生活，热爱摄影，能够捕捉生活美好景物，掌握基本摄影技巧，每个年度有2幅以上作品在校刊或者校级以上刊物发表。 高年级：善于发现身边的大事小情，并能用相机记录下来。能够坚持学习摄影相关知识，努力提高摄影技术，每个年度至少有3~5幅作品在校刊或者校级以上刊物发表。
	书画星	低年级：爱绘画，爱书法；勤练习，勤琢磨； 基本功，要扎实；每学期，有作品。 中年级：勤于练习书法或绘画，能够积极参加学校社团活动，获得四级以上考级证书或取得区级三等以上奖项。 高年级：认真学习书法或绘画知识，能够了解中外著名书法家、画家的作品特点，获得六级以上考级证书或取得区级二等以上奖项。

三、"五星"少年的评比实施

"五星"少年评比活动重在素质养成，让学生学会自我约束，规范自我言行，培养良好的行为品质和文明的行为习惯，从而形成"学五星、赶五星、争五星"的校园风气。

"五星"少年评价将遵循以下原则：

（1）激励性原则：学校鼓励每位学生都积极参与"五星"少年评比活动，通过相关活动的开展、课程的开发与实施、课堂主渠道的落实等途径，激励学生争当后小"五星"好少年。

（2）公平性原则：学校为每一个学生的发展搭建平台，确保评价标准、评价实施以及评价结果相对科学、客观和公正。

（3）全员参与原则：学校一至六年级学生全员参与"五星"少年评价活动。

（4）可持续性原则：学校将不断总结"五星"少年评价工作经验，反思工作中的不足，进一步完善评比工作，更好地促进学生健康发展。

评价方法及措施：

（1）建立《五星少年成长足迹》手册，以手册引领评价，促进评价。

（2）每学年第一学期进行"文明之星"和"科技之星"的评选，第二学期进行"勤奋之星""健美之星"和"艺术之星"的评选。

（3）"五星"少年评选与学校五大校园节日——美德节、科技节、读书节、体育节、艺术节等相结合，"五节"助力"五星"少年成长。

（4）校园"五节"及"五星"少年评比实施项目管理负责制，其中美德节、科技节、艺术节及文明之星、科技之星、艺术之星的学生评比，具体负责部门为德育部门；读书节及勤奋之星的评比，具体负责部门为教学部门；体育节及健美之星的评比为体育部门。各部门分工合作，整体育人，促进学生健康全面发展。

（5）学生自己及时记录"五星"小星自评要素、事迹；班级、学校定期组织小星评选，采取自评、他评、师评等方式。集够相应的小星可以获得大星。班级每学期按照学校要求名额上报校级"五星"少年，其余为班级"五星"少年。

（6）学校对单方面获得校级"五星"称号的少年进行事迹宣传和表

扬奖励，对五个方面都获得星级少年称号的学生给予更高层次的宣传和奖励。

（7）学校统一定制"星级标志"，包括小五星标志和大五星标志。小五星标志由班主任老师负责管理。

（8）家校联手，利用家长会、联系单等形式，指导和督促家长从自身做起，配合学校共同抓好对孩子的教育，形成家校合力、齐抓共管的局面。

第二节　培育文明之星——立德树人，以文化人

一、推进国学教育，弘扬传统美德——国学教育实例

我校于2014年加入通州区国学教育实验校，2016年成为全国"十三五"课题"中华优秀传统文化与现代语文课题实验研究"的实验校，可以说起步较晚，当属后来者。但我们一直将"培养国学古韵，打造文明校园"作为我们一贯的宗旨和追求，我们深知，后小，作为后来者，更要做好"厚"的事业，才能走在追赶大家的路上。

（一）厚德载物，端蒙养正

多年来，我校遵循继承传统文化与弘扬时代精神相结合的原则，以国学的儒家之德为血肉精魂，将传统文化融入学校现代化教育之中，围绕"立德树人"的根本宗旨，积极开展"国学经典"诵读活动，以"经典文化"的渗透促进内在"道德生成"。文明儒雅的校风正在逐步形成。

1.诵读中养正气。

我校提出的"大气成就大器"的办学思想，其中的大气就包括"正气、志气、骨气"等。

学校利用每日十五分钟晨读时间，语文课前三分钟诵读时间，采用见缝插针、积少成多的方式，开展了"每日一诵经典诗词""课前一吟古文古训"活动。一、二年级背诵《弟子规》《三字经》；三、四年级背诵经典古诗80首；五、六年级背诵《论语》等经典作品。

学生从吟诵《三字经》中找到教人勤奋的"玉不琢，不成器。人不学，不知义""头悬梁，锥刺股。彼不教，自勤苦"；学到尊长孝亲的"亲师友，习礼仪。香九龄，能温席""融四岁，能让梨"。

在诵读《中华传统美德》时，学生懂得了"少壮不努力，老大徒伤悲"；明白了"与朋友交，言而有信"；更明确了"天下兴亡，匹夫有责"的责任。

习古诗、诵古文在后小学生中已经蔚然成风，中华传统文化对孩子们的熏陶、浸润在校园内随处可见，一股浩然正气也在后小悄悄孕育……"雅言传文明，经典润人生"的学校特色文化正在逐步形成。

2.书写中养正姿。

人们常说："字如其人。"我校非常重视对学生的书写习惯培养。每周的写字课、每天的语文课，教师都会从学生的坐姿、握姿（握笔姿势）、起势到读帖、描摹、临帖、背帖的基本功进行训练，努力让每个学生都做到头正、身直、臂开、足安。

学校参与了北京市"写字课题"的研究，并在语文教师中广泛开展

"写字教学设计"和"写字课堂教学"等赛课活动。

学校每学期都会针对不同年级开展"硬笔""软笔"书写大赛，学生人人参与，个个展示。学校将学生的书写成绩记入了"五星评价体系——勤奋之星"的争星评比中，每学期都会有近百名学生成为学校的"书写之星"。

一系列的书写活动，进一步加深了学生对汉字的了解，对中华文化的了解，激发了学生热爱汉字，热爱中华传统文化的情感。

3.活动中养正行。

为提升学生的国学素养，让经典融于活动之中，我校依托学生"五节"，开展了丰富多彩的校园活动，有效地促进了学生的行为养成，涵养了学生的善行、勤行、励行。

（1）节日活动养善行

学校美德节及传统节日期间开展了"经典美德剧展演""让垃圾回家""我是后小好少年""做敬老孝亲好少年""教师，您辛苦了""扬古韵文化，展五节风采，养三我品行"等活动。通过一系列活动，培养了学生的道德情感，涵养了学生与善为乐的品行。

（2）读书活动养勤行

勤以补拙，天道酬勤。学校在读书节及平日教学活动中先后开展了"百首古诗过关赛""全校古诗词诵读大会""读书之星评比""我是小小演说家""书香班级、书香家庭评比"等活动。学校为每一个学生购买书籍、准备读书积累本，让孩子们在活动中养成勤奋的品质和习惯。

（3）仪式典礼养励行

我校重视仪式典礼类课程的开展，将入学季典礼、入队典礼、开学典礼、升国旗仪式、毕业季典礼、五节开闭幕仪式等，均打造成课程，精心策划，务实实施。通过系列课程，达成"明德懂礼我能行，传承经典我立德"的课程目标。

（二）厚积薄发，品端表正

苏轼说："博观而约取，厚积而薄发。"后小努力在积累中培养"品端表正"的好学生。

1.日积月累养品味。

近三年来，我校高度重视国学教育，也不断加强国学教育师资队伍建设。成立了国学领导小组，德育主任具体负责、语文教师为主要成员的国学工作室。

工作室成立以来，教师们在区研修中心的引领下，不断学习、探究"三步六正九读"教学法。以专家讲座，研讨沙龙，听课、研课等多种形式，不断提高教师的国学授课能力和水平。这学期，我校徐焱老师、杨红艳老师有幸参加了通州区第四届国学赛课活动，均获优异成绩。孩子们在浓浓的国学教育氛围中，日积月累，大大提高了对国学的兴趣，儒雅大气的后小学生越来越多。

2.积善成德养品性。

学校根据学生的实际情况，提出礼仪"五日"课程：暨日明一礼，日正一行，日学一语，日行一善，日诵一诗。

与此同时，学校还充分挖掘语文教材中的传统文化教育内容，利用每周的校本阅读课，充分开展"经典诗文诵读"训练。我们提出了"三坚持"，即坚持日日诵读，坚持人人诵读，坚持经典诵读。在诵读中，要求教师做到"字字落实""句句落实"，进而熟读成诵。如今，后小的孩子们已经能够熟练地诵读《三字经》《弟子规》《论语》，并能生动地讲出其中的许多典故。古诗文诵读不仅提高了学生的记忆力、专注力，而且也起到净化学生心灵、培育学生道德的作用。

3.日积日新养品质。

我校利用课外一小时时间增设了"国学吟诵课"，统一配发了教学用书。经过近一年的学习，吟诵班的学生从歌谣唱读到节奏变换，现在能够达到平仄诵读。学生们由爱读、会读，到能吟、成诵，涵养了品行，提高了审美。

（三）厚古洞今，正心正行

博古通今，鉴往知来；博古洞今，以古鉴今。把"博"字换成"厚"字，更增添了我们对中华优秀传统文化的热爱、厚爱、挚爱。在爱中培养我们后小的孩子对今天学习的热爱、厚爱、挚爱，在爱中与古为新、与古为今、亘古亘今、正心正行，做一个文明、勤奋、健美的后小学生，做一个发现、实验、创造的后小学生。

1.与经典为伍，葆赤子童心。

习近平总书记曾说："未来中国，是一群正知、正念、正能量人的天下。真正的危机，不是金融危机，而是道德与信仰的危机。与智者为伍，与良善者同行。"的确，与国学经典对话，就是与真正的智者为伍，她会涵养一颗颗稚嫩的童心，催开一朵朵含苞待放的花蕾。近年来，后小学子与经典为伍，与国学为伴，在后小全面发展，快乐成长。

2.与精神为伍，养生命童真。

国学文化，是我们中国传统文化的瑰宝，她正心正行，给予每一个后小学子一种精神的荡涤。文明、勤奋、健美的全面发展精神，发现、实验、创造的科学发展精神，滋养着每一个孩子！每一个后小学子都因国学文化而丰盈，每一个后小学子的生命都因国学而芬芳润泽。

3.与精彩为伍，过七彩童年。

我校开设的丰富多彩的"三我"智慧课程，满足了学生个性化的成长需要，为他们提供了适切的教育。在后小这一方孕育百年文化的园地里，教育成就着每个孩子的精彩，一颗颗璀璨之星在熠熠闪光：全国科学家星榜样评选中后小学子榜上有名；亚洲机器人大赛、全国机器人大赛中，后小选手睿智进取，勇创佳绩；北京市辩论大赛中，我们的孩子力战群雄，勇夺桂冠；北京市美德少年更有后小学子的风采；大型国学剧《春诵夏弦》在通州区古诗词大赛上获得一等奖，并在通州区文化节上进行展演……

成长每一个，发展每一个，绽放每一个，精彩每一个，这是我们的美好办学愿景。后小的课程、活动都把每一个学生放在正中央，让他们的七彩童年过得熠熠生辉！

二、家校合力，淘气包也能变军官——家校共育案例

随着现代社会中"421"结构的家庭愈加普及，很多孩子在家庭中，成为全家众星拱月一样的存在。家庭是孩子经历的第一所学校。有些孩

子在走进小学之前，由于长期的家庭溺爱，已经养成了不太好的生活习惯和个性。如何影响纠正这样的学生，让他们树立正确的道德品行观念，在当今的教学工作中，是很常见的课题。

（一）初识天天

我校一年级的李老师曾经带过这样一位叫"天天"的学生——一个活泼好动的小男孩。开学不久，李老师就发现了天天身上的诸多问题，最重要的一点就是他不知道什么叫上课。本来孩子充满活力是好事，但学校不仅是传授知识的地方，也是帮孩子养成习惯、学会遵守纪律的地方。天天没有纪律的概念，在课上随便说话，丝毫不顾及其他同学和老师的感受，想到什么就说什么；上课时还喜欢把鞋子脱掉，把小脚丫放在课桌里；到了下课的时候，他总是喜欢在楼道里到处奔跑打闹，经常无端招惹其他的同学。

久而久之，同学们经常向老师报告天天的行为，因此也引起了老师的重视。因为天天所在的课堂，纪律无法控制，班级的教学效果也受到了影响。更重要的是，中小学的道德教育是榜样教育，如果教师对学生这样的行为听之任之，那么其他学生对于纪律的认识理解也会减弱。

（二）家庭走访

针对天天的情况，李老师专门走访了天天的家庭，花了一整个下午去向天天的爸爸妈妈了解情况。原来，天天的父母是再组家庭，由于对家庭关系的无比珍惜，所以在日常生活中就不由得过于娇惯他——什么事情都放任他去做，平时大多只会夸奖，犯了错误也不会批评指正。这导致天天变成了一个极度以自我为中心，对父母非常依赖的孩子。甚至上小学后，他在家吃饭还需要妈妈亲自喂饭。

了解了天天变成现在这样一个"小皇帝"的前因后果，李老师意识到，要改变他的个性习惯，其父母的帮助是非常重要的。她只有与家长共同协作，才能让学生重新理解纪律概念，树立正确的观念。于是她找到了天天的妈妈，进行了诚恳的沟通，并摆明利害关系，发动家长在培养孩子方面的积极性。经过沟通，天天的妈妈也认识到，继续这样的教育方式对孩子的成长是不利的，必须培养天天自理、自立的生活和学习习惯。

（三）课堂引导

在课堂上，李老师也开始特别关注天天。她选择的方式非常巧妙，并不是直接对孩子进行粗暴的说教。很多教师可能以为向孩子把道理讲到位，就是完成了自己的职责；但是对于小学生，尤其是年龄越小的，这种方式反而会拉开教师和学生的距离，甚至起到相反的效果，让孩子拒绝改变。李老师没有这么做，她把孩子的理想希望作为切入点，了解了天天想做军官的梦想以后，找到了这个共同话题。

在建立了互相的信任以后，她问天天："你知道什么样的人能当军官吗？"

这句话明显引起了天天的兴趣，他立刻回答："学习好！"

"不仅要学习好，更要有很强的纪律性。"

"什么是纪律性？"天天问道。

这个对话，反映了天天在观念塑造上存在的缺陷，他并不是不重视学校的纪律要求，而是在他过去的理解中，上学被简化成了一件只是追求成绩的事情。可见，普及素质教育的概念，不仅应该是学校在教师团队中推进、在家长观念里普及的事情，如果没有学生自己本身的理解，再怎么推进，也是不会有理想效果的。

"纪律性就是一切行动听从指挥。指挥官让干什么就干什么。比如老师就是你的指挥官，你应该怎么做呢？"

"听您的话！"天天毫不犹豫地回答。

"真是个好孩子！"其实，每个孩子开始都是一张白纸，都是像天天这样，在成长的过程中，接受的教育在某些方面存在一些缺陷，导致他们对生活、对学习产生了一些误解。通过言传身教，这些误解是可以纠正和消除的，而这，就是学校和教师的工作。

（四）鼓励引导

看到天天这样一点就通，李老师毫不吝啬地称赞他"太聪明了"。对于习惯于鼓励的孩子，鼓励的教学方式是行之有效的，这更便于让正确的道德、行为观念走进孩子内心，而不是强迫他们接受。让学生在快乐中成长，符合新时代教学要求。

理念教育后，李老师更是辅以事实加深印象。这样用实例来影响孩子，而且是与爱国教育联系在一起的，让学生在坚持自己梦想的同时，找到了实践的方法和努力的方向。对于孩子来说，可以帮他们增强信心、树立更加崇高的目标。李老师明显是理解这一教育的意义所在。

完成了面对面的教育，李老师始终记得教学是学校教师和家长的共同合作，她很快联系了天天的妈妈，把交流的过程作了分享。得知孩子如此积极向上的一面，这位妈妈颇感惊讶，也深受鼓舞。李老师从热爱理想的角度由衷地称赞了天天的可贵品质，但是也提出，要让天天有更大的发展，纪律和习惯的养成是尤为重要的。有这样的实践说服，天天的妈妈真正地和教师联系在了一起，同心协力地主动分工协作，确定了用表扬好习惯的方式来引导天天作出改变。

（五）在日常中加深习惯

后来，李老师每天进一步加强对天天的引导教育，在各个场合对上课说话、脱鞋，下课打闹等行为进行提醒，一旦天天有进步的表现，就及时予以表扬。并且经常提醒他，如果养成好习惯，他一定能成为一名军官。久而久之，天天的表现越来越好，上课再也不随便说话了，课后还会主动提醒同学们不要奔跑打闹。老师和学生的关系也越来越亲密，天天对李老师充满了信任，十分喜欢、敬爱李老师。而李老师看到在天天身上投入的心力开花结果，也获得了作为一名教师的喜悦。

天天的改变不仅在校园，在和天天妈妈的交流中，李老师得知，他现在在家里也可以自己吃饭了，完成家庭作业也十分积极主动了。看到孩子这样的改变，天天的妈妈非常骄傲，直言感谢李老师的努力和付出，并且愿意长久地将这种交流合作持续下去。

（六）相信每一个孩子

这只是学校每天生活中，教师对学生尽心尽力的许多事迹之一，却给我留下了深刻的印象。因为这个事例体现出，在对孩子的品德、个性教育中，教师不仅要知道孩子需要成为什么样的人，需要树立什么样的目标，也要有很多的教学智慧来指导。其中一个最为重要的，就是和学生家长的交流。道德教育与文化课不同，是会影响学生一天24小时生活的重要教育，这24小时的一半，都发生在学生的家庭里。而且对学生进行道德教育的，也远远不只是教师，学生生活中遇到的人，接触的事物、艺术作品，都会对其产生影响。

所以，与学生的家庭加强信息交流，建立紧密的合作关系，是保障学生三观健康成长、行为规范自律的重要保障。教师需要了解每个学生的家庭状态和家长对孩子的教育方法，由此有针对性地定制教学方案。同时及时把孩子的进步反馈给家长，让家长切身参与到孩子道德观念的教育中来，这会给予学生全天的沉浸式教育环境，让孩子更容易接受和养成习惯。

最后，课堂教学要求学校教师关注每一个学生的道德建设和心理健康。每一个"问题"学生，都有他们独特的情况和问题。对他们行为习惯的纠正、改善，对于整个班级、年级乃至学校，都是一种正面引导。我们要鼓励每一个学生甚至教师都积极去提升、改变自己，成为更好的人才。后南仓小学正是拥有许多像李老师这样无私奉献、关怀备至的教师的不断努力，才营造了如今这样健康向上的德育氛围。

只要引导得当，"淘气包"也能变"军官"，我们相信每一个孩子。

第三节 培养勤奋之星——让勤勉成为良好习惯

勤奋是一种态度，是一种品质，更是一种习惯。学校教育要给孩子们搭设平台，创造条件，让孩子们人人都做勤奋学习的好少年。

一、养成好习惯，从一点一滴做起

播种行为，收获习惯；播种习惯，收获性格；播种性格，收获命运。

"教育重在培养好习惯"，这一观点是古今中外教育家在理论指导下实践，在教育实践中总结并被证明是颠扑不破的铁律。现代教育家叶圣陶先生说：教育是什么？往简单方面说，只须一句话，就是要养成良好的习惯。当代教育专家魏书生也提出"育人重在培养习惯"的观点。

习惯是自动化了的动作、行为方式和反应倾向，习惯是能力的增长点，习惯是个体思想品德的载体，习惯是个体社会化的重要标志，习惯是实现人可持续发展的动力源泉。习惯一旦形成，就成为人的一种稳定的行为方式，它将在人的一生中发挥重要作用。因此，养成一些基本的良好行为习惯，将成为自身可持续发展的重要力量，成为人不断发展进步的动力源泉，必然终身受益。

后南仓小学一贯重视学生良好习惯的养成。依据习惯形成的特殊性以及我校学生实际，最近我们推出微习惯培养策略，旨在将习惯培养工作落在平时，落在实处，从一点一滴做起，从而能够切实帮助孩子们养成良好习惯。

后南仓小学微习惯二十条

微习惯之课堂习惯

会倾听——眼神随着声音走

勤思考——思维跟着问题走

善表达——语言清晰且完整

会书写——正确规范又美观

微习惯之课间习惯

会行走——轻声慢步靠右行

会活动——正当安全有意义

有秩序——两人以上成纵队

讲礼貌——互尊互爱问声好

微习惯之集会习惯

守时间——有序入场快静齐

听安排——一切行动听指挥

守纪律——集会全程用心听

讲礼仪——适时适度来鼓掌

微习惯之锻炼习惯

做好操——动作规范有力度

跳好绳——天天坚持一分钟

爱眼睛——保证视力不下降

控体重——合理饮食勤运动

微习惯之劳动习惯

能自理——自己事情自己做

会值日——人人参与勤打扫

护生态——少用一次性物品

爱环境——垃圾分类我能行

课堂是教育发展的核心地带，是教育的主战场，是学生良好习惯养成的主要阵地。良好的课堂生态是以学生为主体，关注每一个孩子的需求，通过现代化的教学手段，实现教学与学生发展的真正统一的课堂。我们立足本校原有基础，不断丰富"三我课堂的内涵"，从"学前自主探究发现—课中小组互动交流—人人参与多元实践—反馈巩固引导点拨—适度拓展不断提升"课堂教学模式的建构，再到每个环节中采用相应的教学策略和方法，以突出课堂使其成为学生自主探究、多元实践、合作创新的主阵地。我们的具体措施是：明特征，有方向；建模式，共研究；定标准，促评价；重实施，讲策略；抓赛课，展活力。

学校教师的"三我"课堂，始终以学生为中心，让学生在学习过程中处于主动地位，通过听、读、看、说、做、思、议等方法，让他们主动去发现知识内容、道理、规律、问题；教师以导学单、自主学习单、实验记录单、选择答题卡、阅读积累本、观察日记等方式为媒介，以实验操作为平台，将科学知识呈现给学生，学生通过亲自动手、动脑的探究活动掌握概念与知识，获得科学探究的能力与技巧，培养发现问题、解决问题的好习惯，最终形成能力。为了更好地了解学生课堂状态，我们干部和听课教师还切实做课堂评价表、教学观察表，采取《发言统计图》的办法，记录课堂学生的活动，评选校级"发言星"，以此激发学生爱学习、会学习，培养学生"三我"品质。

这是我校干部教师听课、观课必填的评价表，它有效地促进了教师对于学生好习惯的培养，有效地促进了学生良好习惯的养成。

微习惯——课堂习惯评价表

班级_____ 授课教师_____ 学科_____ 评价人_____

微习惯　项目 ＼ 评价标准	教师				学生			
	90%以上	75%~90%	60%~75%	60%以下	90%以上	75%~90%	60%~75%	60%以下
会倾听——眼神随着声音走								
勤思考——思维跟着问题走								
	优秀	良好	合格	待提高	优秀	良好	合格	待提高
善表达——语言清晰且完整								
会书写——正确规范又美观								
综合评价	优秀（　　）		良好（　　）			待提高（　　）		

评价时间：（　　）年（　　）月（　　）日

发言星 课堂观察评价表

授课教师_____ 课题_____ 班级_____ 评价人_____

	1	2	3	4	5	6	7	8	
1									1
2									2
3									3
4									4
5									5
6									6
7									7
8									8

☆低年级：专心听，细心想；勤思考，善分析。

　　　　　欲发言，手先举；经许可，方起立。

　　　　　站直答，声洪亮；表完整，有新意。

☆中年级：学生能够认真倾听，积极独立思考，敢于猜测、想象，发散思维并提出自己独到的见解；发言积极踊跃，表达清晰完整有逻辑。（每节课发言不少于2次）

☆高年级：学生会专心听讲、懂得倾听别人发言，善于独立思考、有独到见解，敢于合理想象、推测，发言声音洪亮，观点有理有据，表达清晰有新意。（每节课发言不少于3次）

本节课的发言之星：☆　☆　☆

二、"读书节"活动促进"勤奋之星"成长

一年一度的读书节是后小五大节日课程之一，每届读书节期间，学校都会开展丰富多彩的读书活动，培养孩子们的读书兴趣，教给孩子们阅读方法，帮助孩子们养成阅读习惯，促进孩子们勤奋学习品质的养成。

以我们的第三届读书节为例，本次活动主题确定为"腹有诗书润成长 五星少年气自华"。活动将"中华优秀传统文化与语文教学的课题研究"和"中华经典诵读活动"与活跃校园文化相结合，通过读书节系列活动，营造浓郁的校园阅读氛围，积极构建书香校园。读书节系列活动包括：

1.全体教师陪伴学生共同阅读。

（1）"读丛书 悟真谛"

每位教师阅读一本北京教育丛书或智慧课堂相关书籍，并做好一篇读书笔记。学校会根据要求适时组织教师参与"学用'北京教育丛书'征文"，并适时进行征文指导。

（2）"畅读经典 陪伴成长"

教师和学生共同阅读一本书，分享交流读书体会，享受读书的乐趣。

（3）"讲经典 促成长"

教师结合语文课教学内容补充相关的内容，利用语文课适度讲解，激发学生读书的兴趣。

（4）结合读书节活动开展学科实践活动，如手抄报、好书推介会、童话剧表演等，学校会对各班的此项作业进行评比（作为创新性作业）。

（5）"五小"校本课程与阅读相结合，落实学生阅读，指导学生阅读方法和阅读习惯。

2.学生阅读。

（1）"诵读经典 诗话人生"

全校积极开展诵读古诗词活动，每天教师抽出5~10分钟时间读背写古诗，落实年段的古诗积累。适时召开"诗词大会"活动，要求全体学生都参与。先进行班级的全员初赛，再进行全校的复赛。

一、二年级：熟读背诵诗词15~30首。三、四年级：熟读背诵诗词40~60首。五、六年级：熟读背诵诗词70~80首。

（2）"读好书 写真情"

每周利用班会的部分时间开展读书体会交流活动，分享一周的交流感受，分享阅读的快乐，推荐自己阅读的好书目。利用语文自主课，结合学生的实际进行阅读与写作的指导，并对学生的口语表达进行评价，训练学生学会倾听和评价。

（3）"抒情怀 显素养"

读书笔记评比交流活动时，各班学生将自己阅读积累的好词好句、美段美文和读书感受的阅读积累本，在班级展示的基础上，再在年级展示。（年级读书活动中，上报的材料有照片和优秀读书笔记电子稿）

（4）"写汉字 记经典"

一至四年级学生结合年龄特点，书写自己喜欢的古诗句，表达自己对诗文的喜爱。要求每个学生都要积极参与，优秀的硬笔书法作品将推送参与评比。

（5）"我是小小演说家"

阅读了经典书籍后，为培养学生表达自己情感的能力，全校召开了此项活动：低年级"我爱读书"；中年级"好书伴我成长"；高年级"读经典感悟人生"为主题，开展"我是小小演说家"活动。先在班级进行初赛，再在全校进行复赛。

3. 家长阅读。

（1）"陪伴成长 从阅读开始"

家长每天陪伴孩子在家阅读不少于半小时。家长可采用小奖章或小贴画，在读书积累本上进行展现。也可以利用相片进行汇报或家庭表演交流小视频等。教师批阅并与家长进行交流。

（2）提倡完成一份家长陪伴阅读体会

在最后的活动总结表彰阶段，学校还评选出书香班级、书香家庭、书香教师和读书之星。通过开展丰富的读书活动，有效地促进了学生勤奋学习品质的养成。

三、《日日做》课程，助力勤奋好少年

在"三我"教学理念的指导下，后南仓小学把引导学生自主学习作为重要任务。与传统教学中依赖教师对知识进行传授的方式相比较，如何让学生养成主动参与到学习中来和养成自主学习的好习惯，是我们一直研究和思考的课题。为了帮助学生通过日常行为的改变，建立起自己健康积极的学习态度，逐步养成自主学习的习惯，后南仓小学在经过大量调研和实践以后，推出了《蒙以养正——日日做》系列课程（也简称"日日做"课程）。

这一课程的理念，是建立在将学生作为教学主体，尊重学生人格发展的基础上，立足于学生在学习和生活中的各种常见行为场景，具体到事，帮助学生进行不断的自我约束、自我评价。

《蒙以养正——日日做》的课程主题，来自后南仓小学最初的起源——端蒙学堂，是对我国传统开蒙教育在新时代的解读。重视学生的人格成长和价值观念建立，以发展的眼光看待学生的学习成果，是"三我"教学理念实施的又一具体体现，是后小传统教学理念与新时期教学理念的完美融合。

学校为不同年级阶段的学生精心设计了学习手册，手册分为低、中、高三册，每学期完成一册。手册上印有后小校徽——沃土上的一株幼苗。这与手册的精神与目的是完全契合的，将一个个具体的行为如同种子一样播种到学生的生活当中，让学生可以收获自己的成长和改变。

手册的内容以每日记录为主要的模式，其中包括日期、天气、行为任务和感悟体验。这与一般的日记形式非常相似。很多研究表明，养成写日记的习惯，有利于学生思维逻辑的提升和好习惯的养成。另外，记录手册本身的设计比普通的日记记录更加具有目标性。

对于日期和天气的记录，有助于帮助学生养成时间观念，并且提高对周围环境变化的注意力。而对于行为习惯的记录，则占据手册的主要部分，也是教师精心设计的内容核心。

《日日做》助力孩子们养成勤奋的学习习惯。课程从课堂上的发言提问，到诵读经典一篇，到反思一天学习内容，再到做好一科预习工作，通过一个个行为的引导，学生们逐渐接受类似这样调整自身在课堂中参与程度的安排。这样的安排对于学生来说易于接受，这样的结构设计更加有利于学生接受和参与到课程中。通过鼓励学生对于教学的参与性和主动性，手册能够帮助学生养成主动突破自我、积极思考的习惯。按照课程要求，学生每天去做、去评价、去反思，很好地促进学生勤奋学习习惯的养成。

此外，《日日做》课程还包含了学生良好的生活习惯、文明礼仪习惯、勤于锻炼习惯以及热爱劳动习惯的养成内容，体现了促进学生全面发展的理念。

从每天的积累，用量变引起质变，就是这个手册课程的核心理念之一。用可行的一个个小任务替代直接施加在学生思想上的要求，这样更容易帮助学生接受纪律和规范。由学生自己进行思考，发现这些行为中蕴含的意义，有助于学生将感悟散发到其他的行为当中，起到更好的教育效果。

通过这个课程的实施，实现了对学生长期的、切实有效的行为改善。而且通过日常行为自我评价的方式，建立起了学生对自身成长的参与感和责任感；通过不同年级的不同要求和不同表现，让学生体验自己的成长过程，体验行为习惯的力量。

这一教学课程的构建，充分体现了后南仓小学求实、求真的教学风格，顺应了以学生的学习为主的教学理念要求，是后小探索新的教学模式的成功尝试，为其他教学工作的开展，提供了良好的保障，积累了大量的实践经验。

第四节　塑造健美之星
——茁壮成长，少年强则中国强

习近平总书记在2013年参加首都义务植树活动时指出："身体是人生一切奋斗成功的本钱，少年儿童要注意加强体育锻炼，家庭、学校、社会都要为少年儿童增强体魄创造条件，让他们像小树那样健康成长，长大后成为建设祖国的栋梁之才。"后南仓小学历来注重学生全面发展，把学校体育教育教学工作放在重要位置，努力培养体魄强壮、积极锻炼的后小健美之星。

学校认真贯彻国务院及北京市《关于强化学校体育促进学生身心健康全面发展的意见》，按照《国家中长期教育改革和发展规划纲要（2010—2020年）》的要求，学校体育工作坚持树立"天天锻炼 健康成长 终身受益"的指导思想，把强化体育工作，增强学生体质，促进学生身心健康协调发展作为工作目标，全面实施《国家学生体质健康标准》。学校现就如何提升体育教育质量，切实发挥体育在培育和践行社会主义核心价值观、建立健全与北京城市副中心地位相适应的学校体育工作体系、推进素质教育中的综合作用而制定方案。

一、扎实开展体育教学工作

（一）健全体育教学管理工作组织机构，完善规章制度

为保证学校体育教学等工作的顺利开展，首先做到组织落实，成立体育工作领导小组，校长任组长，主管干部为副组长，体育组长、年级组长为组员。

主管干部全面负责学校的体育工作，制定比较完善的体育工作规划，每学期末写好细致、全面的工作计划和总结，并开好总结会。切实有效地执行《后南仓小学课间操管理制度》《后南仓小学体育课堂常规》《后南仓小学课外体育活动管理办法》《后南仓小学体育器材管理制度》《后南仓小学课余训练管理办法》《后南仓小学体育竞技奖励条例》《后南仓小学体育活动安全防范措施》。

（二）加强队伍建设，提高体育教师素质

良好的教师队伍是做好各项工作的关键和前提。我校不断加强体育

教师队伍的建设，努力提高教师的素质。体育工作是要付出千百倍的耐心和巨大努力的一项艰苦工作，如何适应新形势下的育人发展需要，是我校领导一直在认真思考的课题。我们在培养青年体育教师方面下了很大功夫，对青年体育教师制定出了健康成长的"三步走"策略。第一步，进行岗位基本功培训。通过听"汇报课、跟踪课、展示课"等，不断提高年轻教师的自身素质。第二步，熟悉教材教法，采取以老带新，以骨干促年轻教师的方式进行。第三步，学校为青年教师创造展示才华的机会，走出去、请进来，使之成为研究型教师。要求他们经过三步走逐步成长为骨干教师，能自觉开展教研活动，由普通型教师、经验型教师，向实验型、科研型教师转变，为迈向新型教师奠定重要基础。我们的具体做法是：

第一，认真贯彻并落实《学校体育工作条例》，在人员安排上精心调配，在分工上合理安排，保证体育课、训练及各项群体活动的正常开展。

第二，注重组织教师参加各类培训。我校现有8名体育教师，本科学历8人，骨干教师1人。学校在时间、经费及工作的安排等方面给予优先保证，大力支持他们的学历进修、继续教育，提高其理论水平及文化层次，创造机会让他们参加"京津冀教育联盟"和"全国教育联盟"等活动，不断拓宽其视野，提高其政治站位。此外，为提高教练员的业务素质，学校与高水平运动队取得联系，相互沟通，继续同潞河中学、通州二中运动队保持业务联系，虚心向他们学习、请教，争取将我校田径队训练提高到新的水平。

第三，学校争取为体育教师的理论及业务学习提供方便，订购相关报纸、杂志，引导教师不断更新观念，接受新的教育信息。

第四，定期组织体育教师参加市区级的教研活动，了解教改动态，指导教学方向，以便跟上教改及科研的步伐。

第五，为稳定队伍、优化结构、选拔骨干、推出新人，采取"走出去，请进来"的方法，提高教师素质。请市区级专家、教研员到校听课、评课、共同商讨研究，争取多为体育教师创造展示的机会。

第六，通过加强队伍的建设，力争显著效果。争取三年内体育组再增加一至二名党员和区级骨干教师，使之真正成为政治思想过硬、业务能力强的一支专业化队伍。体育组先后被评为北京市首届优秀体育教研组、通州区连续六年区级优秀教研组、通州区优秀创新型团队、通州区青年文明号。

（三）抓好常规活动，规范体育教学

认真贯彻落实《学校体育工作条例》，在人员上精心调配，在分工上合理安排，确保体育课、训练及各项群体活动的正常开展。教师具备较强的体育教育教学能力，符合《九年义务教育全日制小学、初级中学课程计划》，配备专职或兼职体育教师的要求，确保每个教学班保质保量地上好体育课。

体育课严格按照课堂常规的要求去做，做到有学年计划、学期计划、单元计划、有教案。体育教案重难点突出、目的明确，执行《新课标的要求》，以"健康第一"为宗旨，充分培养学生的创造性和合作意识。我校多名体育教师曾多次在教案评比和基本功大赛上获奖。

体育课堂教学注重学生素质和能力培养，有效的教学方法、合理的场地安排、器材的安全保证，保护帮助及时到位，避免一切伤害事故的发生。严格执行《后南仓小学体育活动安全防范措施》，在提高学生身体素质的同时，体育教师还注重对学生进行思想品德教育，把育人育体有机结合在一起，同时注重学生基础知识基本技能的掌握，严格执行《中小学生体育考核标准》，做好记录，年终做好登统工作。

二、落实《学校体育工作条例》，确保学生体育活动一小时

我校始终严格执行国家规定的中小学课程计划，开足体育课。一、二年级每周4节体育课，三、四年级每周3节体育课，课间操30分钟。没有体育课的班级，每天下午第三节课上不少于30分钟的课外体育运动课。上午、下午各做5分钟的眼保健操，确保学生每天不少于一小时的体育活动时间。

我校重点落实学生在校体育活动一小时，制订计划、布置安排。课外活动的开展要面向全体学生，结合学校的五小课程，要从学生参与面的大小和人数多少选择好课外活动的项目，形成人人参与课外活动，个个都有喜爱的项目。充分发挥校外教育的独特功能，采取与校外教育机构、校外教育基地、俱乐部等社会资源单位相结合的方式开展活动，努力创建良好的课外教育环境。课外活动由体育教师加强技术指导，进行科学管理，并做好课外活动记录，班主任负责把学生组织到操场上进行课外活动。期末评出课外活动优秀班，予以表彰，同时纳入对班主任、教师的考评。

学校设立学生大课间体育活动，在学生没有体育课的当天下午必须安排一节课外体育活动，坚持常年开展以班级为单位的每日800~1000米

长跑活动。

三、认真开展课余训练及阳光体育活动

为落实阳光体育活动，我校把阳光体育与社团课程有机整合。面向全体学生，围绕阳光体育项目开设精品课程，不断完善"三我"端蒙课程体系。结合阳光体育竞赛活动，学校开设了轮滑、街舞、篮球、拉丁舞、空竹、跳皮筋、足球、健美操、棒球、踢键子等精品社团，并取得了很好的成效。以组织开展多样化的比赛为途径，力争在市、区级阳光比赛中取得优异成绩，从而彰显我校体育特色。加强田径队训练工作，建立校级运动员梯队建设；提高教练员的业务素质，将我校田径队训练提高到新的水平。

我校于1995年就被认定为北京市体育田径传统校，田径在我校有着光辉的历史。学校有一支由四至六年级组成的田径运动员梯队，有一支优秀的教练员队伍，训练科学合理，有计划、有教案，常年坚持不断，每天早晚不少于1.5小时训练时间，暑假不少于5周的训练时间，寒假不少于2周的训练时间，并克服场地困难，与潞河中学联系，去他们体育场训练。我校在区运会上，连续获得团体前六名的好成绩，并在市传统校比赛中多人多次获得好成绩。

加快发展校园足球。把发展青少年校园足球作为推进素质教育、引领学校体育改革创新的重要突破口，深化体制机制改革，重点加强校园足球的课堂教学、竞赛训练、教师培训、考核评价、对外交流等工作，加快形成政府主导、学校实施、社会参与的校园足球发展合力。建立健全青少年校园足球特色学校管理机制，充分发挥校园足球特色学校在发

展校园足球中的骨干、示范和带动作用。实施校园足球场地设施改造建设专项工程，推动建设一批校园足球场。进一步完善足球竞赛机制，加强足球后备人才培养。

为了提高学生身体素质，开展好群众性体育活动，学校每年4~5月份举行体育节，设置一些趣味比赛，通过体育节选拔出好的体育苗子，吸收到田径队来。冬季每年都组织踢毽子、跳绳、拔河比赛等，并将各班成绩纳入班级评比。今年学校结合学生好习惯的培养又推出了"日日练课程"，要求学生每天做到"两个一"，即在校人手一绳每天坚持一分钟跳绳、在家每天坚持一分钟跳绳，并记录在自己的"日日练手册"里。通过学生自主练习、自主记录，逐步培养锻炼习惯，从而不断提高学生的身体素质。

四、以学校五大节日课程为依托，每年举办特色体育节

学校特色体育节活动推进我校体育工作的全面发展，培养学生终身体育锻炼的意识，增强学生体质，发挥学生特长，促进学生在身体、心理及社会适应能力等方面的和谐发展。提高团结合作、抵御挫折的意识和能力，使学生充分享受运动带来的乐趣。用丰富多彩的校园体育活动，丰富体育文化内涵，对学生实施全面素质教育，培养学生合作、自信、勇敢、公平竞争及团队精神等良好品质及健身、参与的意识。养成良好的锻炼习惯和健康的生活方式，形成热爱体育、崇尚运动、健康向上的良好风气，在校园内营造注重健康、重视体育的良好氛围。

体育节活动是载体，活动内容是方式，整体展现学校办学思想、办学理念是目的。体育节活动是学校"五大节日"课程建设的一次集中展

示，是为每位学生搭建参与活动、展示自我、超越自我、促进个性发展的平台。每个学生积极争当"健美之星"涵盖的"五星"中的"体能星""竞赛星""自护星"。体育节活动是让每个学生都在参与活动中体验快乐，在过程中得到锻炼，在运动中促进健康，使师生和谐共同发展。

五、认真做好《学生体质健康测试标准》工作

根据市、区教育委关于做好《国家学生体质健康标准》数据采集上报工作的通知要求，促进我校学生积极参加体育锻炼，养成经常锻炼身体的习惯，提高自我保健能力和体质健康水平，结合我校实际情况制定本实施方案。为认真执行《学生体质健康测试标准》，学校领导小组的职责是督促安排学校按要求开设体育课，督促体育课规范教学，结合测试标准加强学生体质训练，组织人员开展学生体质达标测试工作，督查实施《国家学生体质健康标准》情况。从领导到教师、班主任建立了完整的测试体系，大力宣传，相互协调配合，为测试工作做好后勤保障工作。具体测试由体育教师负责，并及时将测试成绩输入汇总存档，确保学校合格率达98%以上。

积极开展学校健康教育。各校要通过教学、专题讲座、班会、板报等多种形式开展健康知识教育，倡导健康生活方式。改善学校卫生环境，加强控烟宣传，做好学生常见病的预防和控制工作。有针对性地开展防近视控肥胖工作，完善慢性病高危学生的健康管理制度。适时增加中小学生健康体检监测指标，建立学生健康体检和体质健康标准测试统一数据库。

少年强则中国强，拥有健康体魄的青少年，是中国光明未来的象征，是中华民族旺盛生命力的表现。只有锻炼塑造出强健的体质，才能培养出可以肩负复兴祖国、服务人民的新世纪人才。

第五节　造就科技之星——紧跟时代步伐

习近平总书记说过："谁拥有了一流创新人才、拥有了一流科学家，谁就能在科技创新中占据优势。"科技教育是我校坚持实施了30年的办学特色！我们注重以科技教育为引领，从小培养孩子们报效祖国的爱国情怀，培养孩子们的科学意识、科学精神和实践创新能力，并养成良好的学习习惯，促进孩子们全面发展。

一、课程构建，凸显特色，促进学生科学素养形成

科技教育如何落地，课程实施是主渠道。2015—2020年，我校在"三我"理念引领下，以"整合、穿越、创新"为中心词，建构凸显科技特色的"三我"端蒙课程体系。

（一）科技校本课程——依托小手册走进大课堂，资源整合中实现融通

科学类课程是我校每个学生的必修课，掌握两项体育运动技能、一项艺术特长、一项科技技能是人人都要达到的目标。

我校的科技教育校本课程，以《七彩课堂》《七彩创客空间》等校本实践手册为切入点，以学生丰富多彩的生活为主线，在"三我"理念引领下走进教学课堂、社团课堂、家庭课堂、社区课堂、自然课堂、人

文场馆课堂、社会大课堂，彰显小课堂大视野的魅力，形成个性化、全员化、全面化的素质教育模式。

其中《七彩课堂》校本课程实践手册按照春、秋两个学期，利用校本课分阶段进行不同主题的教学内容。主要有四个主题，分别为：春梦、夏趣、秋实、冬韵。

《七彩课堂》合作实施。每个主题内容分成4课时完成，每学期完成4个主题内容，每周1课时，共需16课时。由我校语数及校本综合实践教师合作完成。

《手册》内容

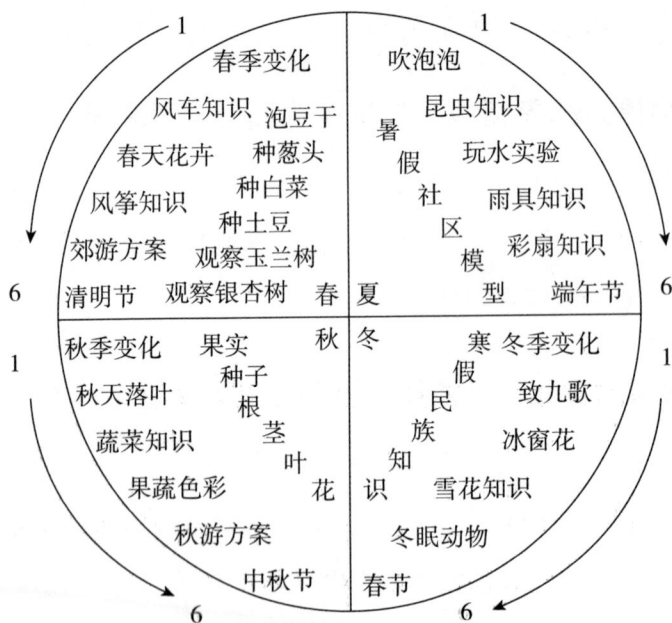

《七彩课堂》板块

1—3年级		4—6年级	
万花筒	教师根据主题，运用大量的图片，讲授相关知识，激发学生的兴趣。	知识课堂	教师根据主题，给学生讲授生活中的常用知识，教会学生学习。
放大镜	教师设计各种形式的小调查，通过小组活动，教会学生筛选知识。	调查报告	教师设计了学生调查活动，教给学生收集、整理知识的方法。
调色板	教师引导学生欣赏作品，教会学生用多种方式制作手工作品。	实践活动	教师设计各种活动，通过范例，引导学生动手实践。
PK榜	教师根据主题，设计了有趣的评价方法，使学生学得认真，评得开心。	评价擂台	教师引导学生运用多种方式进行评价统计，激发学生的活动兴趣。
课外延伸	教师根据主题设计了学生与家长一起活动的内容，引导家长参与活动。	课外延伸	教师根据主题设计了学生与家长一起活动的内容，引导家长关注孩子成长。
家长评价	教师引导家长关注学生的活动时间，达到家校配合教育的目的。	家长评价	教师引导家长关注自己孩子的活动能力、兴趣爱好，作出正确的引导。

（二）科技活动类校本课程——特色活动中关注全体，实践探究中提升学生科学素养

近年来，我们推动活动的课程化、系统化。"校园五节"成长为五节课程。"五节"评选"五星"少年。每年的11月为我校的"科技节"，科技节中，学校组织教师专题课评选、组织学生五小课程展评、开展探究实践活动。每一届都开展鲜明的科技系列学习探究内容，如第34届科技节的"实验进家庭""巧手大比拼"，第35届科技节的"科学小讲坛""科技运动会"活动。2018年举办的后小第36届科技节，我们在深入调研、精心准备的前提下，以学校建校115周年为契机，开展了"寻仓探蕴"为主题的科技探究学习月活动，以"仓"为眼，开发学习手册，引导学生探索漕运仓储中的科技、历史、人文，通过寻仓、研仓，追溯

历史，展望将来。2019年的以"走进生物馆，走向大自然"为题的37届科技节，都在致力于培养学生的"三我"品质和探究精神。

二、"三我"课堂，涵养品质，注重学生实际获得

我校"三我"课堂文化的提出基于建构主义、多元智能、"做中学"等理论，基于"培养具有实践能力和创新精神的人"的课改核心理念，它的内核是促进学生的全面发展与健康成长，它的载体是三级课程的实施以及三者间的有效融通与整合。体现"三我"课堂文化是智慧课堂在我校的具体展现。

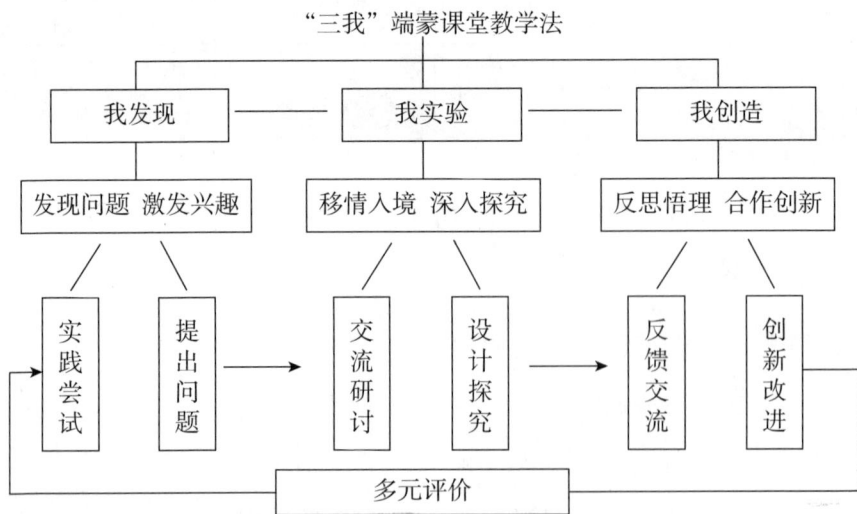

（一）制定科学评价标准

我们从智慧课堂包含的五个特征层次和师生的两个主体层面入手，制定了智慧课堂教学评价标准，依照标准进行课堂评价，并在实施中不断完善。

（二）有效组织课堂实施

通过共研教学策略、融通教学内容、拓展课堂外延、"三我杯"赛课展现课堂活力。

（三）创建"三我"课堂文化

"三我"智慧课堂的实施让发现、实验、创造的学风悄然形成，逐渐形成了我校独具特色的"三我"课堂文化。

课堂观念的更新促进了教师的专业发展。近三年来，我校相关教师相关论文发表获奖130余人次，科学种植活动年年多人获一等奖，范亚芳等几位教师参加的区"趣味科技运动会"获得了10项第一名的好成绩；靳春松、张淑珍老师多次获市科技小种植指导一等奖；张海峰老师多次获北京市天文知识竞赛优秀辅导员称号；高健老师指导的创意机器人社团在国际、国家、市、区级竞赛上屡屡获奖；靳春松和李洪英等教师分别获得北京市自然知识竞赛和科技英语大赛"优秀指导教师"的称号。

三、环境育人，制度保障，营造校园科技氛围

（一）环境育人

学校为营造浓郁的科技教育氛围，通过楼层文化、班级文化、校园生物馆、创客教室、电子屏建设、地下科技苑等营造科技教育特色环境，让学生在日常的耳濡目染中接受科技教育，感受科技的力量。

1.楼层文化。

学校定期投入资金，对楼层文化的科技板块进行适时更新，让同学们可以了解到更多更新的科技知识，特别是我国的科技成就。改建了数字化生物馆、地下科技苑，改善了教学楼楼道的环境，使其科技效能更加凸显，更具欣赏力和感染力。

2.科技苑。

学生的科技活动离不开动手实践。因此，在校舍紧张的情况下，学校克服困难，又投入资金26万元，在地下室建起了科技苑，先后开辟了13个兴趣小组活动室和一个成果展示厅，供孩子们参与体验科技活动，增长科技知识。

3.创客教室。

在上级部门的关心下，我校于2016年在原科学教室的基础上建成了创客教室，3D打印、木工小机床、VR设备等让同学们有了更多更新的科技实践机会，也让他们的创想有了更接近实现的可能。在短短几年的使用中，我校同学不断进步，如王子宸同学的3D作品在国际新科技创新大赛3D打印单元获奖，高放等同学参加北京市stem+科技挑战赛荣获二等奖，李骏宇、徐杨子钰同学的作品获得北京市科技创新大赛工程类二等奖等。

4.生物馆。

后小生物馆自1990年创建以来，资源不断丰富，馆内分为海洋、湿地、淡水湖泊、庄园、标本展示台等几个板块，共有标本1000余种。2013年7月，学校又将生物馆升级为数字化生物馆，教育功能更加完善。科学教师采用与科学课整合的方式进行校本实施，根据所讲的科学课内容每月引领学生走进生物馆，组织学生参观陈列的标本，教给学生制作标本的技巧，通过一定的延伸与扩展，开阔学生的视野，打开学生的思路，启迪学生潜在的横向思维、联想思维能力，进而达到开发学生多元化智慧潜能、培养学生的创新精神与实践能力的目的。学校每年对生物馆标本进行必要的维护和整理。多年来，生物馆成为学校科技教育的龙头，深受师生家长的喜爱，得到社会各界的认可。我们将立足生物馆，进一步开发校园生物馆课程和特色学习活动，打造我校的生物品牌项目。

（二）制度保障

为将科技教育落到实处，学校依据办学特色，制定了《科技教育规划》《科技管理实施办法》《科教工作奖励办法》《小学生科技教育奖励办法》《教师工作综合评价》《科技辅导员职责》《科技活动室管理制度》《班队会专时专用制度》《科技教师培训制度》《五星少年评比办法》等，以制度为框架，规范了教师行为，为全面落实学校的科技教育奠定了坚实的保障。

其中的《五星少年评比办法》根据不同学段制定相应的评价标准，达到标准可以获得相应的星级奖励，如科技之星就包括巧手星、观察星、实验星、创意星、智慧星。

"五星"评价的有效实施，促进了教师教育科研、科技竞赛辅导、科教方案设计等的积极性，激发了学生学习科学知识、参与科技活动的热情。

四、社团活动，提升素养，促进学生个性发展

学校将课外活动、社团活动等进行有机融合，引进优质校外科技资源，校内外社团达60余个，形成彰显我校科技特色的《五小课程》（选修课程），在课时、课程设定上确保每个学生每周至少能上一次课外科技类课程。《五小课程》社团涵盖了如小模型、小设计、小种植、小创意、小编织、小调查、小主持、小摄影等丰富的内容。其中，普适类科技课程是每个学生都必须参加的课程。低年级的《小牛顿课程》、中高年级的《小小科学家》课程的实施，让人人都有科技材料，个个都能亲自动手实践，次次都能体验到实践创新的乐趣。

多彩的《五小课程》，为每个孩子搭建了尽情展示自己、发展自己的舞台。孩子们在亚洲机器人大赛上获得银奖，还获得2016年"首届青少年创客活动暨第七届青少年机器人活动"一等奖，"第十届蓝桥杯全国软件和信息技术专业人才大赛"青少组全国总决赛一等奖，"全国信息学奥赛"二等奖，"第十七届全国中小学信息技术创新与实践"大赛一等奖。研究的"立体全息相框"，获得了青少年科技创新大赛二等奖。天文知识竞赛、太空种子种植大赛我校年年多人荣获一等奖。在"金鹏科技论坛"、科学建议奖中，我校多篇论文荣获二、三等奖。在市级小种植活动中年年有多人次获一、二等奖，由于成绩突出，曾在全市表彰会上作大会经验交流。每一届的市区级科普英语、科学建议奖等比赛中，孩子们次次获奖。三年来累计获得各项奖项420余次，这一系列的喜人成绩让我们真正感受到科技教育的力量，更加感悟到小课程成就孩子们的大舞台。

第六节　唤醒艺术之星
——理解美、欣赏美、表现美

近年来，我校坚持以全面推进素质教育为目标，以普及和发展学校艺术教育为重点，深入推进艺术教育课程改革，以先进的艺术教育理念，大力弘扬中华民族的优秀文化艺术。学校主要领导和分管领导对艺术教育的功能、地位以及重要性有正确、全面的认识，熟悉并能够很好地贯彻有关艺术教育的法规政策；能够很好地处理艺术教育与学校其他各项工作的关系，美育与德育、智育、体育工作得到协调发展，有效地促进了学生艺术素养的形成。

一、加强师资队伍建设，保障艺术教学水平

有符合本校艺术教育需要的专职艺术教师队伍，教师学历全部达标。只有教师发展了，才有学生的发展，只有学生发展了，才能形成学校的特色。学校对艺术教师的专业成长提出了五个"需要"：需要"时刻准备着"变化；需要"时刻准备着"思考；需要"时刻准备着"学习；需要"时刻准备着"应对；需要"时刻准备着"在新的变化、思考、学习、应对中，再准备！

学校重视艺术教育教师的业务培训，支持艺术教育教师进修、观摩和到文艺团体实践。每个艺术教师一年内都接受了不少于30学时的多种形式的业务培训。在学校评选先进和职称评定时，艺术教师享有其他教师同等的待遇，如课时工资同等。艺术教师不同于其他学科，需要广博的素养、广阔的视野和广泛的实践。因此，我们尝试实行多种形式教师

培训模式：由教师列出自身需求目录，由学校"买单"并为其提供艺术课程开发及培训所需的运作经费。如为艺术教师外出学习考察开通绿色通道，把重视艺术教师继续教育落到实处。

教学与科研相结合。组织教师开展专题艺术教育理论研究，不断提高艺术教育教师的理论和执教水平。为了使学校拥有自己的办学特色，走上理性发展之路，使教师在教育教学中成为一个拥有先进教育思想的教育实践者，我校的艺术教师均参加了区级和校级的科研课题和实验项目，并有一定的论文成果。

为了更新教育理念，研究教学技术，我校艺术教师以课堂教育为主渠道，认真上好每一节音乐、美术、艺术活动课，积极参加学校举办的日常教研课、评优课、展示课、观摩课等活动，大大提高了教师们的专业能力。在工作中，教师们爱岗敬业，注意发扬团队精神，尤其在合唱比赛的培训过程中，教师们齐心协力，分工合作，连续几届被评为北京市合唱比赛一等奖。杨卫平老师的课堂教学论文获得了国家级一等奖，被区委区教委评为通州区骨干教师。她还代表学校参加了"秋实杯"赛课评优活动，获得了一等奖第一名的好成绩。年轻的音乐教师王鹤老师参加了"春华"杯的评优活动，也获得第一等的好成绩，为学校捧得了奖杯。优秀的师资队伍，保证了艺术教育活动的落实和拓展。

鼓励教师着手编写校本课程。我们编写了剪纸校本教材，改变原先教学时的随意或只凭经验开展教学的现象，以课程的校本化，促使学校艺术教育的不断规范和发展。同时校本课程的开发，也是对教师群体的主动性和潜力的开发和提升，实现教师自身的专业成长和特色发展。通过编写教材，教师得以实现自身的专业发展及特色发展。

二、扎实进行课堂教学，促进学生艺术素养形成

　　艺术教育是学校实施素质教育的重要组成部分。学校在制定整体的教育教学计划时，将艺术教育纳入其中，并按有关规定开齐开足音乐、美术课等艺术类课程，以保证艺术类课程教学的充分落实。艺术教师们深入挖掘教材中的美育要素，创设激发孩子学习兴趣的教学情境，充分利用色彩鲜明的课件调动孩子们的探究热情，采取小组合作形式，让每个孩子都能发表自己的见解、展示自我、发展学生的多元智能。每学期教师都认真组织期末考察和毕业考核。学校还开发了《七彩课堂》校本教材，学生在教师的指导、家长的帮助下，每个学期末都要开展科技教育校本课程作品展览活动，一件件作品渗透着极强的审美情趣，学生的审美能力得到培养。北京市课程办还曾在我校召开了校本课程研讨交流会，我们学校还代表通州区进行了"七彩课程、七彩课堂、七彩童年"的展示汇报，多彩的校本课程无不渗透着艺术教育。

　　学校坚持相关学科渗透，寻找各科教学与艺术教育的结合点和渗透点，充分运用艺术美的形象、情感、愉悦的特点优化课堂教学。在各学科的课堂教学设计中，艺术化思想使教师更注重知识的艺术体现，使学生在学习中得到潜移默化的艺术体验。如在信息科技学科教学中，教师开展了美术思维的实践，利用学生对构图、配色的审美渴望，设计了如"我们的民俗节日"等课程；在语文学科中，教师带领学生走进了艺术的历史长河，并运用声乐艺术的理念朗诵课文，数学教师也利用色彩的原理，设计出了提高学生注意力的图示课件。此外，学校对校本课程还进行大胆改革，尝试了整合学科内容，多位教师同上一节课的授课方式，并将美育渗透在课堂教学之中，如将语文学科、美术学科与校本课程进

行整合；将语文学科、音乐学科与校本课程展示进行整合，都收到了良好的教育效果，学生兴趣盎然，学习的积极性相当高。在我校，艺术理念正引导教师带领学生轻松学习、快乐学习。艺术化的教育已成为共识，每一位教师都以艺术素养的提升带动学生综合艺术素养的提高，实践课改精神，实施全面的素质教育。

三、社团活动和节日课程，助力学生艺术特长的培养

学校认真贯彻执行学校艺术教育的方针、政策和行政法规，重视艺术教育工作，采取积极的措施，确保艺术教育工作的正常进行。学校为了突出育人宗旨，面向全体学生，每年都开展艺术节等全校性的大型活动。学校艺术节班级参与率达到100%，学生参与率超过60%。我校还积极参加市级、区级艺术节的各项竞赛活动，获奖面较高。学校建立了艺术社团，学生参与率达标。每周一至周四下午一小时都有我校艺术社团的活动时间，共分为两个层次，校级有合唱团、美术创想、管乐队、舞蹈队、中阮社团、二胡社团、琵琶社团、国画社团、衍纸社团、剪纸社团、非洲鼓社团、陶笛社团、竹笛社团、书法社团以及民族打击乐社团等共20多个艺术社团，年级有剪贴、象棋、手抄小报设计等共27个组，班级有工艺美术等5个兴趣小组。辅导教师们积极引导全体学生参加课外艺术活动，小组活动时做到"六有"——有计划、有场地、有记录、有检查、有经费、有总结。我们要求每个学生每学期必须参加一个小组的活动，学校定期进行兴趣小组活动的成果展示。校级艺术活动小组已经超过学校班级数量的一半以上，每个班级小组数量在两个以上。校级艺术小组固定成员占全校学生总数的10%以上，班级小组固定成员占全班学生总数的20%以上。

在艺术教育工作中，学校充分发挥少先队组织的作用，抓住学生喜欢过节的心理，学校启动了学生"五大节日"课程体系，分别是"美德节""科技节""艺术节""读书节""体育节"，各个节日有活动的主题，有学生展示的内容。在活动中表现突出的学生，学校将给予辅导帮助，鼓励学生积极参加校外组织的各项艺术方面的比赛，如市区级的合唱节、艺术节，舞蹈、小表演、书法、工艺、篆刻、绘画、摄影、演讲、棋类等比赛，这些学生每次在比赛中均取得了好成绩。我们还在每年的"六一"儿童节表彰一批批在校外参加各级各类比赛的特长生，凡是取得一定等级资格的学生均在表彰范围。学校在这方面鼓励学生多专多能，不断提高他们的艺术素养和审美能力。

四、校园环境凸显艺术氛围

学校为学生创造良好的校园文化艺术环境，营造健康、高雅的校园文化艺术氛围。近两年，学校用于文化长廊、艺术天地、运河文化墙、科技长廊等场所的装修改造投资共计50余万元。学校注重用优美的环境和艺术的氛围去熏陶人，达到"一草一木见精神，一砖一瓦都有情；每面墙壁会说话，每个景点育人心"的境界。

学校操场的墙壁上，养成教育篇、技能展示篇、育人景点篇、科技教育篇、奥运精神篇、畅谈理想篇，篇篇相连，构成了一幅幅展示美、创造美的育人画卷。教学园区内，构思精巧、形式新颖的科技知识展板不但使学生学到了丰富的科技知识，还感到了美的和谐。校门口新设计的知礼亭更是一亭多用，亭一侧是《论语》《大学》等简介，另一侧是活动展板，随学校开展的主题活动进行学生作品展览，地面上的棋盘为学生课下对弈提供方便。小小知礼亭成为活动大舞台。学校的艺术教育专用教室装饰精美，如音乐教室中配有颜色鲜艳、造型精巧的合唱台，集声光电于一体的数字化生物馆中，展示的是由师生亲自动手制作的以及老科学家赠送的"植物类""脊椎动物类"和"无脊椎动物类"标本共1000余件，这座生物馆可以说是我们学校的一颗璀璨的校园明珠。地下建造的"科技苑"能让孩子们的梦想在天空飞翔。在每间教室的墙壁上设有软轧板，专门展示学生参加各项活动的作品或者照片。学校的"端蒙之声"广播电台和电视台定期播放，为孩子们充分展示自己的艺术特长搭建了舞台。学校的小记者将学校的大事记和活动掠影以及学生的各项作品图片都纳入其中，充分调动了学生参与活动的积极性，从小记者采访、撰稿、绘图、排版等一系列的编辑过程中，培养了孩子们的艺术才华，同时也进一步对学生进行了审美教育。

学校还充分利用当地的艺术资源，如通州区档案馆、图书馆和博物馆。学校经常组织学生到这些地方去参观、去访问、去查阅资料，回来后用于参加学校组织的各类活动。每年学生的毕业季活动，我校经常会到通州区文化馆举行。我校还聘请有艺术专长的人才定期对学校艺术教育活动进行辅导，如聘请运河号子的传人到我校兴趣班进行辅导，还聘请了评书、快板、北京琴书、舞蹈、相声、绘画、围棋等专业教师到我校进行辅导，取得了良好的效果，学生通过学习学会了多种才艺，也得到了家长的赞扬。

扎实的课堂教学，丰富多彩的艺术活动，精心的育人环境创设，有效地促进了孩子们艺术素养的形成。

第七节 后小少年说

后南仓小学始终以学生为中心，充分尊重学生，做任何工作必须考虑学生喜不喜欢，愿不愿意，拥护不拥护，发展不发展，这是教育工作的出发点。将学生放在中央，意味着让学生成为校园真正的主人，教师为学生服务，将学生的需求放在首要位置。处处体现"我"的活动"我"做主原则。

学校的一切活动都以尊重学生的意愿为前提，大到毕业季活动、五大节日创意，小到课堂某个环节，尽可能地采纳学生意见，因为我们相信——尊重，可以让教育真正发生。

后南仓的学生是幸福的，后南仓的教师更是幸福的。我们且听听孩子们的心声：

一、《后小少年说》

《后小少年说》是我们历次举行大型活动时，后小少年表达理想信念、学习报国的勃勃雄心之文章，它无时不激励着后小学子，全面发展，五育并举，做最好的自己，做后小最闪亮的"五星"少年。

后小少年说

制出将来之少年中国者，则中国少年之责任也。

故今日之责任，不在他人，而全在我少年。

少年智则国智，少年富则国富，少年强则国强，

少年独立则国独立，少年自由则国自由，少年进步则国进步，

少年胜于欧洲则国胜于欧洲，少年雄于地球则国雄于地球。

造就将来之少年后小者，则后小少年之责任也。

后小是远航的巨轮，载着我驶向光明的彼岸。

后小是久燃的灯塔，照亮我前进的步伐。

后小是知识的源头，赋予我无穷的力量。

后小是耀眼的太阳，我将是灿烂夺目的光环。

后小是广阔的舞台，我将成为未来的坚石。

我是后小好少年：勤奋学习、追求上进。

我是后小好少年：品德优良、团结友爱。

我是后小好少年：体魄强健，活泼开朗。

我是后小好少年：孝敬父母，做己能事。

我是后小好少年：热爱祖国，热爱人民，立志高远。

我是后小学生，我承诺做到：

我善发现：保持好奇，善于观察，敢于质疑；

我勤实验：勤于动手，科学探究，合作交流；

我敢创造：心态向上，兴趣广泛，思维活跃。

少年有志，国家有望。

国家的未来掌握在我们少年手中！

从此刻起，拿起我们手中的书本，为中华之崛起而读书！

做一名新时代的好少年，我们要热爱生活。

后小是我们学习生涯的开端，

远大的理想在这里孕育，

高尚的情操在这里萌生，

良好的习惯在这里养成，

辉煌的人生在这里奠基。

我们要从少年时代开始努力，学会做人，学会做事，

用智慧和胆识编织成功的花环。

最后让我们牢记我们的校训：

文明、勤奋、健美；发现、实验、创造，争做后小好少年！

二、后小"五星"少年说

1. 文明之星——曲妍伊

我叫曲妍伊，是北京市通州区后南仓小学四（3）班中队长。"人有礼则安，无礼则危。"这是出自《礼记·曲礼》里面的一句名言，也是我的座右铭。无论是在学校还是在家里，我都时刻提醒自己要以礼待人，做一名文明礼仪少年。

在学校，我是教师的得力小助手，并注意使用文明礼貌用语，平时关心集体，团结同学，同学有了困难我会主动帮助他。我还是学校的文明督察员，带头起文明示范作用。见到老师我会主动问声好，遇到走廊上追逐打闹的同学我会主动制止，看到地上有垃圾纸屑我会主动弯腰捡

起。作为一名少先队员，我积极参加学校的各项活动，担任红通社通州分社小记者，用最朴实的声音宣传校文明礼仪。疫情防控期间录制视频"面对疫情我想对同学说"和"致敬逆行者"，倡导大家向英雄们致敬。

在家里，我尊敬长辈，体谅父母，经常帮助父母做一些力所能及的家务活。我平时勤俭节约，积极参加公益活动，为"太阳村"的孩子们送温暖，捐赠出自己喜爱的图书，还去养老院进行慰问演出。

我曾经被评为区优秀少先队员称号，在通州区环保主题演讲中荣获"十佳选手"荣誉，连续几年被学校评为优秀学生和优秀干部。

四年前，我有幸进入心仪已久的后南仓小学。这是一所熠熠生辉的百年名校，有着悠久的文明历史、优秀的师资力量。在这块学习的乐土上，我要脚踏实地，做好自己，愿同学们和我一起进步，共同迎接美好的未来。

2.勤奋之星——陈鹏媛

我是陈鹏媛，北京市通州区后南仓小学六（3）班中队长，学校的大队长。在六年的小学生活中，我努力做到：勤奋上进，刻苦学习，乐于助人，始终保持积极向上的心态，严格要求自己，争取全面发展。我的爱好有：看书、画画、弹古筝、跳拉丁舞、滑滑板。时间是有限的，很多的事情就得合理地安排，才能提高学习效率。

妈妈经常说，学生就应该勤奋学习，毕竟"勤能补拙"。但在我看来，勤奋学习的方法有很多：做到课前预习，带着问题上课听讲，并通过课后作业对学过的知识查漏补缺。这些说起来容易做起来难，我是通过自己的"计划本"来完成的。计划本上是一天要完成的内容，每做完一项就打个钩。我会利用在校的零散时间把作业做完，到家后就有很多时间读我喜欢的书，弹我喜欢的曲子。

一日之计在于晨，我起床后洗漱这段时间会听英语，并且在早餐时间听古诗词诵读。长期坚持下来的效果就是学校要求的"二十四星级古诗"我已经早早地背诵完毕，还在学校的诗词大会上获得奖项。

我在参加剑桥英语KET考试中，三个月背诵1500个单词，功夫不负有心人，我考了131分。得知考试通过时，我心里别提多高兴了。一份付出就会有一份收获，我会继续努力在即将参加的PET考试中争取优秀通过。

我不断充实自己，全面发展，赢得了老师和同学的信任和赞誉。其中，四年级和六年级上学期的全校统考考试中我语文成绩第一名，得到老师、同学的一致赞誉。通过自己的努力，我连续三年被评为"三好生"，荣获学校的"五星"好少年称号，是勤奋之星代表。从四年级开始，我一直是学校的国旗手，担任班干部，并进入少先大队部工作，六年级接任少先队大队长职务。在2020年疫情防控期间，作为大队长，我发出珍爱生命的倡议。

我在自己努力学习的同时，没有忘记帮助同学与自己一起进步；对老师交给的任务，能做得有条不紊，成为各科老师的得力小助手。我处处以身作则，为同学们树立了良好的学习榜样。

我相信我能一步一个脚印地在人生道路上前行，并征服一个个艰难险阻，把握好自己精彩的人生。

3.健美之星——丁哲轩

我是北京市后南仓小学六（1）班的丁哲轩。在我校"五星"少年的评选活动中，我当选"健美之星"。首先感谢所有老师的辛勤培养、同学们的热心帮助。通过六年的小学学习，我逐渐成长为一名德、智、美、体、劳全面发展的少年。

我热爱学习，严格认真，学习成绩一直名列前茅。所有科目成绩都在优秀以上，一到三年级均被评为"优良生"，四到五年级连续两年被评为"三好学生"。我上课认真听讲，积极思考，大胆举手发言，并主动帮助同学，做到共同进步。

我从小就热爱体育，运动项目包括足球、羽毛球、游泳及各种自行车轮滑等。在校内认真上好每一节体育课，短跑、中长跑的成绩也非常突出，并在三年级时正式成为学校足球队的一员。不得不说的是，我校的足球运动在全区一直名列前茅，连续四届获得北京市"阳光体育"通州区中小学五人制校园足球比赛的冠军，并成为全区重点足球校园。我在校队担任守门员的位置。在训练时，我认真刻苦，无论严寒酷暑，我都积极认真地参加训练。除每天放学后两个半小时的训练外，还有周末的加训和寒暑假的训练营。训练时我从不放松，认真学习教练教的每一个技能和技巧，其中对我帮助较大的是教练在防守、扑球、身位等诸多技巧上的指导，由此我连续两届获得区级"最佳守门员"称号。

在校外，我也利用周末时间积极参加足球、游泳、羽毛球、轮滑的训练来增强锻炼，我还经常利用假期到周边去爬山。

我个人的兴趣爱好比较广泛，不只体育运动，还有音乐和读书。在音乐方面，我的"音乐基础知识"已经通过中级水平，目前正在为这个暑假钢琴考级做准备，我的目标是今年完成九级专业等级考试。

我的藏书很多。我从幼儿园时就喜欢读书，像四大名著、《鲁滨逊漂流记》《狼图腾》《肖申克的救赎》《老人与海》《阿甘正传》等经典著作早已读完，现在正在背诵《唐诗三百首》及《论语》。

在这里我再次感谢多年来老师对我的精心呵护与培养，在以后的日子里，我会时刻以"五星"少年的标准来严格要求自己，立志做一个对社会有用的人。

4.科技之星——宋思飞

我是北京市通州区后南仓小学五（5）班学生宋思飞。平时我自觉了解国家大事，并主动学习英模事迹，以他们为榜样，遵守纪律，诚实守信，综合能力强。所以自进入小学以来我就一直是所在班级的班长，是老师的得力助手。同时还连续三年坚持参加通州区北苑街道办事处组织的文明交通引导志愿者服务活动，并多次被评为"优秀志愿者"。

从小我就对科学富有强烈的好奇心，喜欢动手参与制作各种科技小产品，经常让爸爸带我去科技馆，了解各种科技、天文现象和技术、机构原理，探索其中的奥秘。平时我也喜欢看科技方面的书和杂志，参加各种科技活动。我还是一个乐高迷，喜欢组装零部件，在学习机器人、编程和单片机等课程后，我就开始自己设计组装搭建各种小车、机器人等，并应用VEX机器人技术执行月球探索、货物搬运等动作，还多次参加各种相关赛事，和小伙伴组成的团队分别获得一等奖和三等奖。

在为参加VEX世界公开赛做训练时，我和小伙伴一开始设计了一种机器人车，用于搬运货物，但成功率很低，而且小车本身也不牢固，机器臂总是脱落，尽管尝试很多次去改造它，总是不成功。后来我和小伙伴对车进行仔细分析后，决定全部拆开，重新组装。终于小车变得更加灵活，拾取货物更加容易，也更加容易得分。然后我们又编程去控制小车，让小车行动更加敏捷。功夫不负有心人，我们最终在中关村赛区比赛中获得一等奖，尝到了成功的喜悦。

之后我又开始学习编程，从开始的模块化编程，到后来学习简单的C语言和Python语言，在近期工信部赛迪研究院组织的编程比赛中成绩优异。

我是学校科技社团的骨干，在老师支持下，还进一步学习掌握了Arduino这种编程语言，用来控制各种微电子器件（包括单片机、各种感应器等）组装成的机器人，实现各种功能，如各种显示功能、自动探测功能等，并且代表学校参加比赛。我的梦想就是学习掌握更多的知识和本领，把自己学到的技能应用到真实的生活中去，为国家和人类更加美好的未来贡献自己的力量。

近两年科技成绩、成果一览表

竞赛或活动名称	获奖励或成果名称	颁发奖励或成果单位	取得时间
VEX机器人亚洲公开赛中关村赛区	一等奖	VEX亚洲公开赛组委会	2017.9
2017亚洲机器人锦标赛中国选拔赛	三等奖	亚洲机器人联盟	2017.10
赛迪人工智能赛	决赛优秀奖	赛迪人工智能大赛组委会	2020.4
复杂环境条件下的灾害应急信息获取装备	小型移动机器人测量系统	国家测绘工程技术研究中心	2019.7

5.艺术之星——黄亦歌

我是后南仓小学六（2）班中队的黄亦歌。目前担任少先队大队委、班长等多项职务。在班里我能积极配合学校和老师完成学校的各项任务，团结帮助同学，成绩优异，连续多年被评为校级三好学生。

我当选为"艺术之星"非常高兴，这对于我既是鼓励也是鞭策，还是下一个绘画阶段的开始。谢谢老师们对我的认可，谢谢同学们对我的帮助。

2008年我出生在一个艺术家庭，对艺术的热爱可能是流淌在我的骨血里的。父母告诉我，在我咿呀学语的时候已经开始在家里的墙面、桌子等一切可以留下印记的地方随意涂画了。5岁的时候，爸爸第一次有意识地让我画了写生，一个家里的插着干枯莲蓬的钧瓷花瓶。事后爸爸说孩子的眼睛是最真实的，因为我几乎刻画了花瓶上的每一道"龟裂"和莲蓬的每一条褶皱。自那张画以后，父母开始引导我画画，起初以写生为主，人物或者景物。

20世纪伟大的艺术家之一，毕加索曾经说过"孩子天生就是艺术家"，但其实孩子对世界的天真表达和真正的艺术家是有区别的，这区别在于儿童的绘画往往是无意识和系统观念的。为了保持我对形象的原始认识抑或可以让这样的状态长期系统地持续，于是我的父母为我选择了一个长期的绘画项目——《山海经》。《山海经》这部没有具体作者的奇书，只靠寥寥数语即勾画出山川河流、森林灵物。也不知是遗忘了还是其他原因，这本伟大的书中塑造的世界并没有形象，这恰好对于一个小朋友而言是一个"异想世界"，于是绘制《山海经》里的世界成了我这些年的"主要任务"。

　　我只希望我的画可以伴随我的成长，在我的每一个年龄阶段都留下印记。回望我的成长经历，我的绘画特长也取得了一点点成绩。2014年8月，我的绘画作品《美人鱼》被丹麦安徒生博物馆收藏；2016年民革中央为两岸小朋友创作儿童剧《波仔圆妞》，我为该剧创作人物形象，并在国家大剧院举办了捐赠仪式，把我创作的绘画形象赠送给台湾小朋友的代表；同年十月我参加了中国艺术品产业博览会，成为历届最小的参展者；2019年8月我参加了在今日美术馆举办的"我和祖国共成长"北京青年·少年优秀美术作品展。

　　以上这些只是我成长过程中的一些成绩，这些成绩都源自我的爱好与伴随着这爱好的努力，我相信我的同学们只要找对自己的方向，也同样可以成为一颗颗"星星"，那样在我们成长的过程中一定会群星闪烁，熠熠生辉。

第七章　办学效果——求扎实

办一所"理念先进，学生本位，管理科学，质量优异，开放包容，家长满意"的百年品牌学校是我们的不懈追求。立足于学校发展，实实在在办教育，踏踏实实做事情，是我们一贯的工作作风。

第一节　理念引领　科学规划　明确发展目标

围绕立德树人根本任务，学校应构建办学理念体系，明确学校发展的目标方向。

一、传承中凝练办学理念

后南仓小学陈昌祐校长曾提出的"人格教育""三育齐备、全面发展"的教育主张为今天的学校发展奠定了基础。20世纪80年代初，宁珩校长提出"五个课堂"思路。2013年以来，在继承学校发展传统与国家"大力培养创新型人才"及"五大发展理念"精神指导下，我们继续以科技教育为特色办学目标，同时给科技教育赋予了新的内涵。在"我发现·我实验·我创造"的"三我"理念下，我们重新梳理了学校的办学理念体系：

办学宗旨：全面贯彻党的教育方针，坚持立德树人根本宗旨，培养全面发展智慧学生，努力创办人民满意学校。

办学思想：大气成就大器，为每一个孩子的智慧人生奠基。

办学愿景：让后小成为每一个孩子智慧人生起航的地方，成为每一位教师价值与尊严实现的地方，成为每一名家长放心托付孩子和实现孩子明天的地方。

办学目标：办一所"理念先进，管理科学，学生为本，质量优异，开放包容，百姓满意"的副中心百年品牌学校。

办学特色：科技教育。

科技教育核心理念：我发现、我实验、我创造。

校训：文明、勤奋、健美；发现、实验、创造。

校风：民主、和谐、求真、创新。

干部工作作风：团结、实干、公正、服务、创新。

教风：博爱、笃学、善思、慧教。

学风：我发现、我实验、我创造。

学生培养目标：争当"五星"，全面发展，快乐成长。（"五星"：文明之星、勤奋之星、健美之星、科技之星、艺术之星）

教师发展目标：德才兼备、智慧育人、快乐工作。（"五星"教师：博爱之星、平实之星、慧教之星、合作之星、创新之星）

围绕办学理念体系，我们还规划了学校的形象识别内容，富有教育意义的校徽、校旗，富有学校特色的校歌，学校标准色——蓝色，吉祥物"端蒙水娃"——文明娃、勤奋娃、健美娃、科技娃、艺术娃也诞生了！师生们还重新给学校景观进行命名。

在凝练学校办学理念过程中，我们充分发挥每一位干部教师的智慧，让理念走基层，合校情，入人心。

围绕办学理念体系，学校制定了《后南仓小学"十三五"发展规划》，重新制定修改了学校章程，认真制定切实可行的学校工作计划，规划计划的制定都经学校教代会审议通过。

我校学校工作计划多次在全区小学校长工作会上交流，我们的计划制定经验《发展从计划开始 工作因改变而精彩》在市级UDS项目组校交流，在杭州举行的两岸三地教育论坛活动中作为经验材料交流。

二、引领中确保科学发展

几年来，我校依托市区项目研究、部门指导、专业引领和领导关怀，注重过程性发展，认真听取各部门指导建议，虚心学习，不断改进，确保学校科学发展态势。

2014年2月，我校参加了市级"基于UDS项目下学校自主发展项目"研究，学校干部、教师团队发生了较大变化，工作热情被激发，教育质量得到较大提升。

2014年9月教师研修中心"区校联动，促进学校整体发展"为期一年的联动活动在我校启动，一年来研修中心八大部门专家多次走进学校，指导工作，学校获得了更好的发展。2015年10月26日，我们以"践行三我，实现超越"为主题，全方位汇报了学校的发展，受到较高评价。2017年，我们成为"全国万物启蒙课程联盟"学校。2018年，我校成为全国自主教育联盟成员校。2018年，我们被确定为京津冀通武廊第八合作共同体成员校。在学校办学的不同阶段，各级领导、专家也不断走进学校关心指导学校工作。专业的引领、过程的指导，给学校的发展注入了生机，确保学校科学发展，不断向前。

第二节 队伍建设 践行超越 "五星"引领发展

两支队伍建设是学校发展的保障。针对我校教师年龄偏大，进取动力不足的实际，我们提出了后小教师"超越计划"，即教师在现有工作基础上，不断改进、创新，自我超越，合作超越，实现工作最优化。我们认为"改进即超越"，以"每个人都是后小最亮的星"为理念，建立了"五星"教师评价机制。干部教师共同商讨并制定了《后南仓小学"五星教师"评选条件与办法》，结果与学校的德、能、勤、绩、职评、岗聘直接挂钩，教师感受到了工作有尊严、有价值，有了工作幸福感，较好地激发了干部、教师的工作热情。

一、优化干部队伍建设

（一）健全领导体制，干部文化引领，发挥核心作用

学校领导班子年龄结构合理，分工明确，团结合作；党支部发挥政治核心作用，教代会参与民主管理，工作程序规范；每位干部自觉践行"团结、实干、公正、服务、创新"的班子文化。

（二）完善管理制度，有效做好工作

学校制定《行政干部十条工作制度》、周例会、干部轮值教师大会、每月总结汇报、个别谈话、三重一大决策、民主生活会及反腐倡廉等系列行之有效制度。全体干部能够认真遵守制度，在制度引领下有效做好本职工作。我校"月总结制度"的经验在市项目校大会上交流。

工作中，干部坚持走动式管理，做到了"五走进"，即走进书本学

理论、走进课堂听课、走进教研组参加活动、走进校园值班、走进师生心里。全体干部虚心学习，廉洁从政，无违法违纪现象发生，工作中服务意识当先，干群关系和谐。三年来分管的各项工作都取得了可喜成绩，教师评价高。项目组对我校干部工作能力给予非常高的评价。

（三）重视干部培养，提升综合素质

我们重视青年和后备干部培养，采取"校长引领，项目历练，策划落实"的培训路径，有计划地培养青年干部。根据编制需要，学校新近提拔副校长1人，拟提拔副主任2人。

二、加强教师队伍建设

（一）以德为先，教书育人

学校将师德建设放在首位，引导教师遵纪守法，依规教学。先后开展了系列师德教育活动，聆听报告，树立典型，多元评价，民主测评，"五星"争创活动等，每年都开展"最爱我的老师和我最爱的老师"评比活动，强化师德师风，引领教师教书育人。三年来教师队伍中无任何违纪现象发生。

（二）立足专业，实现超越

围绕超越计划，立足教师专业发展，学校支持教师外出培训，同时做好校本培训。开展了牵手教研、科教论坛、圆桌研讨、主题碰撞、我的"三我"故事等系列校本研修活动。促进教师专业发展，实现不断超越。

（三）加强培养，促进发展

学校建立了骨干教师培养制度，为他们创造各种外出学习、提高、展示的机会；成立了骨干教师工作室、名师工作室，开设了"科教论坛"栏目，请学校教师走上讲台，定期邀请专家学者来校调研指导；组织骨干教师上观摩课、微格课、教研课、评优课等，使骨干教师得到历练。通过"拜师结对、跟进听课、自主听课、教学反思"等多种形式加大对青年教师的培养力度，近年来，多名青年教师做区级研究课，3名青年教师被评为区骨干。

我校干部团结创新，个人能力强，对分管工作出色胜任，近三年来干部在市区做经验介绍20余次，在区级以上发表、获奖文章50余篇，个人获得荣誉30余次，其中1人获市政府表彰，1人获区优秀校长称号，1人获区优秀教学干部称号。全体教师爱岗敬业，智慧育人。目前学校有区级名师4人，市区骨干16人，教师的教育教学成果多人次在市区及国家获奖，区历届"春华、秋实杯"赛课我校均取得好成绩，两届总分排在全区第一名。近几年，学校为区研修中心输送教研员1人，为兄弟学校输送干部2人，骨干教师、星级教师梯队正在形成。

第三节　科学管理　文化立校　提升办学品质

一、更新管理理念，实践"三合一"管理模式

学校倡导实施"三合一"管理模式，即科学管理三个方面——民主管理、制度管理和项目管理，三者之间，既相对独立，又相互包含，相

互融通，管理中实施侧重运用与整合运用相结合的方式，增效提质，最终实现一个共同的目标，促进学校健康发展。

学校加强扁平化管理体制的实践与探讨，充分利用信息化建设平台，确保科学管理模式有效实施。干部教师加强学习，不断更新观念，积极参与学校管理，确保学校健康发展。

二、加强制度文化建设，规范管理，行为自觉

在继承原有制度前提下，修改了《考勤办法》《成果奖发放办法》，新制定了《职称评定办法》《岗位设置办法》《绩效奖分配办法》《后南仓小学校章》等，出台了全面、具体、可操作性强的《后南仓小学管理制度汇编》。规章的建立，尊重教师的意见，充分讨论通过后实施，教师满意度高，起到了规范、引领作用。

学校不按考试成绩给学生排队，不以学生的考试成绩作为对教师表彰奖励的唯一依据。

认真执行学籍管理办法，有专人负责，无学生辍学现象；从不设立重点班和非重点班；坚持义务教育免试就近入学，招收一年级新生时，将相关内容进行公告，按有关政策接收随迁子女接受义务教育。

学校建立了各项资金使用制度，专款专用，统筹安排，厉行节约，提高效益；严格执行学校收费管理程序，无任何违反财经纪律和教育乱收费现象；学校资产管理有专人负责，做到账实相符，各项设施设备齐整。

三、加强学校文化建设，环境设计，凸显特色

我校围绕科技教育办学特色，将"三我"文化理念浸润到各项工作中。环境文化建设凸显特色，校门两侧的布设展现了学校承载的百年历史和几代后小人积极进取的奉献精神，以典雅色调的"三楼两台一苑"（即博学楼、端蒙楼、致远楼，升旗台、健美台，博弈苑）构建起古朴的校园环境；学校对生物馆进行了升级改造，现已成为一座集声、光、电于一体的数字化生物馆。操场的"运动天地"，楼道里的"礼仪、勤学、艺术、科技长廊"，引领"五星"少年成长。

学校形成了良好的学风、教风、校风，得到了学生、教师及家长和社会的好评。

四、加强德育文化建设，立十德树新人，助推学生成长

（一）坚持立德树人，德育目标明确

我校将"立十德树新人，培养社会主义核心价值观"作为德育培养目标，健全德育管理体系，德育领导小组做到分工明确、指挥畅通。每次活动均做到有方案、有时间，从经费上予以保障。德育目标明确，符合学生实际，目标为：具有"三我"品质，全面发展，快乐成长。围绕"抓常规　重特色　促发展"的工作思路踏实做好德育工作。

（二）坚持两全育人，促学生健康成长

工作中我们竭力做到全员育人，提出"在学校人人都是教育者"理念，干部、教师、员工、家长皆做表率，处处育人，时时育人。例如，将保洁保安请上前台，教育学生，规范育人行为。充分发挥少先大队组

织的作用，广泛开展多彩活动。定期召开班主任工作例会、年级组研讨会及德育工作会，通过案例故事、班会评优、经验交流等多种形式加强班主任培训及德育研究。我们成立了"三级"家校委员会，充分利用家长资源，鼓励家长参与学校管理，家长们自愿成立了"护苗志愿队"，在下午上学高峰期义务护送学生过马路。

坚持全过程育人，努力发挥课堂教学主渠道功能，各学科教师结合学科特点和教学内容，不失时机地对学生进行教育。提出"一切活动皆课程"理念，深入开展社会实践活动。近年来，我们带领学生参观了通州科技馆、瓷器艺术馆、北京植物园、北京科技馆、蓝天城、航空航天教育基地、天香牡丹园、运河瓷画馆等实践基地。

学校以"文明班"评选为载体，注重抓好各种常规教育，大力弘扬"北京精神"。学校根据《小学德育纲要》要求，积极开展养成教育、法制教育、礼仪教育及中华传统文化教育等主题活动。

学校还开展了入学季、毕业季活动，探索实施"五大节日课程体系"。

每位教师都用客观、动态发展的眼光去评价学生，每学期都进行"五星"少年评价，每月都有文明班评价，教师、学生和家长都认真评价学生。

学校设有心理咨询室，设备基本齐全，制度上墙。还配备了兼职心理健康教育教师，并按要求积极参加各种培训，创设条件开设健康教育课程，针对学生问题定期进行交流和沟通，并与家长密切联系，做好心理疏导工作。

近年来，学生健康成长，无任何重大违纪现象发生。

五、重视教学文化建设，扎实工作，培养核心素养

（一）科学有效管理，"三位一体"实施

严格执行国家课程计划，开齐课程，开足课时。

以校长—教学办公室—学科教研组"三位一体"的管理体系开展工作，采用自下而上与自上而下相结合的工作方式，各项教学工作以"计划—策划—实施—总结—反思—改进"为工作路径，形成闭环，有针对性地开展研究课、观摩课、基本功达标等教学研究工作，提高教学的实效性。

校长及主管教学的领导深入课堂听课，及时与授课教师反馈与交流。近三年来，校长听课400多节，主管教学副校长听课600余节。结合实际修订了《课堂教学评价标准》《教学常规管理实施细则》，从备课、上课、作业批改、辅导、检查等方面都提出了明确要求。每学期初，组织教师认真学习《细则》，引导教师不断规范教学工作。

建立检测体系，提升质量意识。首先以区级、学校测评为中心，以单元检测、单项检测、综合检测为途径，使质量检测工作做到常抓不懈。同时，我们还不定期对薄弱班级、薄弱学科进行检测。其次是建立科学合理的检测评价体系，将日常测评工作与教师效益相结合，奖优促劣，提升了质量意识，使教学质量稳中提高。

（二）深化课程改革，建构课程体系

学校严格遵循国家、地方课程的实施，做强校本课程。我们围绕

"学校一切活动皆课程，人人是课程的开发者和建设者，一切课程建设都要促进孩子的发展，为学生提供好吃又有营养的课程"的思想建构七彩课程体系。

学校课程建设思路：理念引领—建构体系—整合推进—多元发展。

课程愿景：人人想学，人人会学，人人学好。

我们的课程培养目标：培养"善于观察、勤于思考、勇于实践、长于合作、大胆创新"的"五星"智慧学生。

学校开设了《七彩课堂》《生物馆课程》必修课程，启动五大节日课程，我们还开设了衔接性的《入学季》《毕业季》课程、多样的社会实践课程、阳光体育课程等，共58门。突出选择性，体现"我的课程我做主"的原则。每周四下午一小时的时间，是孩子们最享受的时刻，他们纷纷走进自己喜欢的课程：操场上他们激情运动，科技苑里亲自动手实验、发现创新，专业教室里尽情展现个人才艺。

根据市区提出的体艺2+1工程，我校立足校情，创造性地提出实施"2+1+1"工程，即确保每个学生掌握两项体育运动技能、一项艺术特长、一项科技技能。

我们将每周不少于三次的课外活动打造成课程，给每个孩子搭建发展的平台。我们将把科学类的课程设定为必修课程，一至三年级开设《小牛顿》课程，四至六年级开设《七彩创客》课程，开阔眼界，培养"三我"品质。我们还开设了艺术类和体育类选修课程，学生走班选课，突出个性培养。艺术和体育类共有60余门。多层次、多样化的课外活动，满足了全体学生个性发展和多样化活动的需求。

（三）科研课题引领，提升教研实效

学校有10项课题为重点课题，教师依据课题的学年计划按部就班地进行实践研究。教师们人人有课题， 积极参与研究，取得丰硕的研究成果。

六、重视体育科技艺术工作，提高素养，促进健康成长

（一）贯彻工作要求，开展多彩活动

严格执行国家规定的中小学课程计划及体育工作条例，开足体育课，确保"两操一课"的质量。学校还定期开展跳绳、踢毽子、冬季越野长跑、拔河、足球、篮球及跆拳道等多种体育竞技活动；克服学校场地不足开发循环跑道、错时上操等，保障了学生体育锻炼一小时。

学校每年都举办"后南仓小学体育节"，体育节期间，周周有赛事，人人有项目，为学生搭建健康发展的舞台。

认真执行《学生健康测试标准》，建立了完整的测试体系，体育教师测试后及时把成绩输入电脑汇总存档。《学生健康档案》规范、完整、具体，近三年测试合格率逐年上升。

学生良好的卫生习惯逐渐养成，学生肥胖率、近视率增长趋势得到了有效控制。

（二）多彩多姿活动，促进科艺发展

我校在课堂教学中渗透美育和科技教育，开展音乐、美术、科学等学科的课堂教学评优活动。积极组织开展课外活动，保证了每周活动四

天，每天一小时。组建了校级合唱团、美艺坊、巧手屋、舞蹈队等艺术兴趣团队和未来工程师、机器人、航模、3D打印等科技兴趣小组，提高了学生的艺术修养和科学素养。

七、狠抓安全工作，确保校园平安

学校制定了切实可行的《安全职责与汇编》《一岗双责实施方案》和应急预案。管理中做到"四坚持"，即坚持节假日教师值班领导带班制度，坚持学生中途离校三方签字制度，坚持每周一次隐患排查制度，坚持每学期至少组织一次应急疏散演练活动。通过多种方式对学生进行安全教育，认真开展好各种专题教育活动，提高学生的安全意识。各个节点均同家长签署安全责任书。此外，我们还建立了"安全考核""来客接待""层层签署安全责任书"等长效机制。由于教育措施得力，近年来学校无安全责任事故发生。学校在2019年获得通州区首批平安校园称号。

第四节 健康发展 效实绩优 家长社会满意

一、学生发展—全面发展 快乐成长 争当"五星"

围绕培养目标的学校教育，使孩子们有理想，懂礼仪，乐学习，会合作，能实践，敢创新，习惯好，成绩优。身体素质检测水平逐年提高，个性特长突出。丰富多彩的校园生活让孩子们彰显四个发展，即全面发展、主动发展、个性发展、可持续发展。孩子们喜欢学校，爱上学。他们在后小绽放七彩童年，起航智慧人生。

二、教师发展—德才兼备 智慧育人 快乐工作

教师们德艺双修，智慧育人，育智慧之人，他们成为后小一颗颗平实之星、博爱之星、合作之星、慧教之星和创新之星。每一位教师都有价值感、存在感，愉悦地在校工作。

三、学校发展—价值引领 文化立校 品质提升

近年来，学校办学特色更加鲜明。在传承中发展，在实践中求新，努力发挥百年学校的优势，使科技教育办学特色更加鲜明。我在不同场合，曾20余次在市区进行过办学特色、经验介绍。其中在2014年4月的北京市文化建设示范校表彰大会上做典型发言，学校文化建设经验刊登在《经验汇编》一书上，我校办学经验被登在首都教育网站上，校长的办学观点被刊登在《现代教育报》上。2017年9月在北京城市副中心举办的全国教育教学改革与创新高端论坛暨北京市通州区教育教学创新发展研讨会上为与会的全国部分校长做经验介绍。2017年6月在北京市教委"UDS合作下的学校自主发展行动计划"项目中做《让规划在学校生长》经验交流。2017年6月在北京市教委"UDS合作下的学校自主发展行动计划"项目中做《落实10%学时，深入进行课程改革的初步尝试》经验交流。2018年5月在北京市教育综合改革背景下学科教学研究现场会上做《践行自主教育，促进学校生长力提升》经验交流。2018年5月在中国人生科学学会校长发展专业委员会上做《改进在日常，管理促超越》的经验交流。2018年5月在第七届全国自主教育分会北京论坛上做《践行自主教育，促学校生长力提升》的经验交流。2017年11月在全国"中华传统优秀文化与现代语文课堂教学实践研究"第一届学术会议上做《百年端蒙养正出新，今日后小亘古亘今》主题交流。2018年10月撰写的总

结《践行百年精神，促学生生长力提升》在推进京津冀基础教育协同发展研究会上做经验交流。

学校注重骨干培养，发挥引领作用。通过"科教论坛""带徒弟""示范课""经验交流"等多种途径，发挥其示范和引领作用，近年来，经考核我校有市级区骨干教师16人，为市区新校输送区骨干教师4人，研修中心市骨干1人。

学校每学年都通过多种形式组织家长和教师评价学校各项工作，满意度达到90%以上。

第五节 创新发展 凸显特色 走在超越路上

几年来，在上级部门的正确领导、全校干部教师的辛勤工作下，我们实现了科学发展、创新发展，办学特色突出，文化建设凸显。办学经验在我区甚至全市都有一定影响，是人民满意的学校。后小的一张张名片——具有"三我"品质的"五星"少年快乐地成长起来。

一、形成了以"科技教育"为核心的办学理念体系

理念是学校发展之魂，它引领学校各项工作的开展。由于我校注重理念引领下学校文化建设的研究与实践，2015年4月，在全市召开的文化建设示范校表彰大会上，崔淑仙校长代表学校做"创建三我文化 启迪智慧人生"的大会交流发言。

二、形成了以"科技教育"为核心的育人行为模式

（一）构建了体现"三我"价值观的"三我端蒙"课程体系

学校注重三级课程的整合与融通，创新校本课程的开发和使用，形成了体系完整、学生喜欢的课程，极好地助力了学生成长。

"三我"端蒙课程平面图

2014年11月，我校课程建设经验在全区交流研讨会上得以推广；2015年11月，经推荐、考核、答辩等环节后，我校被评为北京市课程建设先进单位；2016年1月，我校学科实践课程经验在区进行大会交流。

（二）构建了"三我智慧课堂"教学模式

在课堂教学中我校初步形成了"我发现·我实验·我创造"的智慧课堂模式，即"学前自主探究发现—课中小组互动交流—人人参与多元实践—反馈巩固引导点拨—适度拓展不断提升"。每个环节中采用相应的教学策略和方法，使课堂成为学生自主探究、多元实践、合作创新的主阵地。

构建课堂教学模式

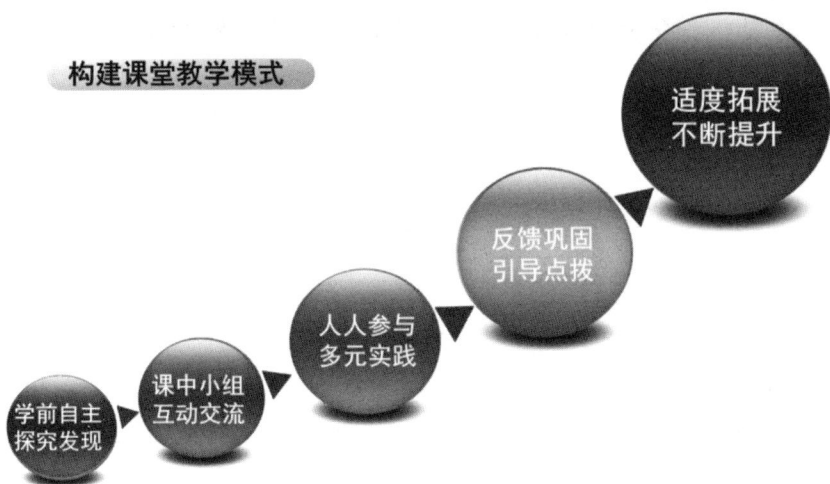

（三）形成了"发现·实验·创造"的闭环管理模式

　　学校的各项管理工作重规划、计划的制定，更重策划实施的务实，同样精心设计总结反思环节，让"发现·实验·创造"成为我们工作的方法和模式。"发现·实验·创造"已经成为我校干部、教师工作的指针、模式、策略、方法，它形成闭环，又呈螺旋不断上升之姿势……

（四）创新评价体制机制，构建了"星级"师生评价体系

为促进学生发展，我们确定了"五星"少年评价体系，有效地将学校"五大节日"等活动相融合，并以此建立学生综合评价的长效机制，同家长、教师及自我评价有机结合，促进学生全面发展。

依据我校教师队伍现状，制定出了"五星"教师评价机制，很好地引领了教师爱岗敬业，专业成长。

（五）创建突出特色教育的"三我"文化，并不断将"三我"文化赋予新的内涵

"我发现·我实验·我创造"已经根植于教师们的内心，践行于师生们的言行，成为干部、教师的工作理念、工作方式、管理模式。况且，我们惊喜地发现，在"三我"理念引领下，干部、教师在工作中又创生出N个体现主体行为和目标的"三我"，比如，我运动，我健康，我快乐；我读书，我收获，我成长；我学习，我行动，我进步；我参与，我奉献，我快乐……

"三我"之花，生根发芽！

三、办学特色成绩及影响

科技教育办学特色成就了我校全面发展的良好格局，得到了市区教育系统的广泛认可。近三年，在参加市区组织的科技类竞赛中，学生有235人次获奖，教师有128人次获奖，其中2名学生在全国科学星榜样总决赛中获二、三等奖，17人次获北京市青少年机器人竞赛一、二、三等奖，16人次获市级科学小种植一等奖，200人次获市二、三等奖。4名科

学教师中范亚芳被认定为市级骨干教师，靳春松被认定为区级骨干教师，高健被评为区青年骨干教师。

近三年学校在各项工作中都取得了可喜的成绩，区级以上获奖：学生1768人次，教师2089人次；集体获奖：国家级11项，市级141项，区级391项。

近几年集体获奖情况：

市级：被评为"北京市百年学校""北京市科技教育示范学校""北京市家长示范学校""北京市规范化建设工程先进集体""北京市课程建设优秀成果一等奖""北京市学校文化建设先进学校""北京市课程建设先进单位""北京市基础教育学生综合素质评价工作先进单位""首都文明校园"；荣获"北京市少先队星星火炬奖"；在北京市"阳光体育"2013、2014、2015年街舞大赛上我校代表队蝉联了团体冠军。

区级：在历次通州区师德群体建设评优中，均被评为先进单位；荣获通州区"贯彻体育工作条例先进校""科技教育示范学校""艺术教育先进学校""创建学习型学校先进单位""校外教育活动先进集体""示范家长学校""知识产权教育先进学校""通州区平安校园"等称号。

学校的发展带动了教师的发展，教师的发展促进了学生的成长。后小正沿着特色之路稳步前行。

第六节　结　语

用心做教育，实干带发展——七年心得体会，砥砺奋进，继续前行。

至今，我在教育工作岗位上工作了近37个年头。任校长14年的时间，我更是高标准要求自己，真抓实干，以创建学校文化建设为核心，与学校干部、教师一起不断促进学校内涵发展，努力办人民满意的学校。

来到后南仓小学，转眼间已过去七年了。在这里学习和工作的每一天，都带给我无限的思考和启迪。记得刚刚走进这所学校的时候，我就被学校悠久的历史和独特的氛围深深地吸引了。几年来，我亲身体验着历史与现代的交融，传统与创新的碰撞，后南仓仿佛一棵深深扎根在文化土壤中，又枝繁叶茂的大树，为人遮风避雨，保护着孩子们的成长，令人敬仰。

作为后南仓小学的校长，需要的不仅是对于学校教育教学工作的了解，更要对通州地区和校园的历史文化、教育传统、思想变迁进行深入的研究。于是，工作中，我秉承立德树人宗旨，以强烈的事业心、责任感、扎实的专业功底，恪尽职守，兢兢业业工作，真抓实干，锐意创新，引领学校不断健康发展。

第一，以德为先，率先垂范，做师生成长的引路人。

从教37年来，我坚决拥护中国共产党的领导，忠诚党的教育事业，一直用优秀教师、优秀共产党员的标准要求自己，严于律己，宽以待人。担任校长工作以来，我认真贯彻党的教育方针，落实立德树人的根本任务，不断提升个人道德修养，时时处处给干部、教师做表率，工作中坚持原则，廉洁从教，被评为北京市拥军优属模范个人、通州区优秀教育工作者、通州区优秀共产党员等荣誉奖项共37项，近五年在个人考核中连续被评为优秀等级。学校教师爱岗敬业，学生在学校健康成长，学校近几年获得国家、市、区级奖项205项。

第二，理念引领，文化立校，塑造学校发展灵魂。

理念是学校发展的灵魂。一个好校长必须是有思想的校长，要有科学的办学理念，做到价值引领，文化立校。2013年1月始，我调入后南仓小学这所百年老校任校长，我能够尽快融入这个优秀的集体，学习学校百年办学历史及管理经验，在传承和发展工作理念引领下，与全体干部、教师一起，进一步梳理学校办学理念体系。在深度调研的前提下，我提出"大气成就大器，为每一个孩子的智慧人生奠基"的办学思想；围绕科技教育内涵，提出"我发现·我实验·我创造"的"三我"特色发展核心理念；挖掘提炼出了"求真·务实·超越"的百年精神，进一步明确了"三风"建设；提出"让后小成为每一个孩子的智慧人生起航的地方，成为每一位教师价值与尊严实现的地方，成为每一位家长放心托付孩子和孩子明天的地方"的办学愿景。2015年4月17日，我代表学校、代表通州区在北京市第二批文化建设示范校表彰大会上做《创建"三我"文化，启迪智慧人生》的经验介绍，学校被评为北京市文化建设示范学校。学校各项工作都能围绕办学理念这个灵魂体系进行。

第三，打造品牌，特色强校，提升学校办学品质。

从事校长工作以来，我一直以"用心做教育，实干带发展"为己任，打造学校品牌，促进学校内涵发展，学校办学品质不断得到提升。后南仓小学于1998年就被认定为"北京市科技活动示范校"，多年来学校一直打造科技教育的办学特色。 2013年我带领干部、教师深入挖掘科技教育核心内涵，提出了"我发现·我实验·我创造"的"三我"理念，旨在进一步培养学生的"三我"品质和科学素养。在"三我"理念引领下，我校以生物馆为龙头，以科技校本课程为抓手，《七彩课堂》《五小课程》等课程内容丰富，形成体系，学校还将课外一小时活动打造成课程，开设了全体学生都参与的"小牛顿"课程和"创客空间"课程，激发学生学科学、爱科学、用科学的兴趣，培养学生的创新精神和实践能力。学校2013年、2016年均被评为"北京市科技教育示范校"，多名学生在国际、国家、市、区各项科技竞赛中获奖；2015年学校被评为北京市课程建设示范学校、北京市文化建设示范学校等，特色发展使得学校办学品质不断提升。近五年学校获得国家、市、区级以上奖项205项。

第四，科学管理，创新模式，促进学校内涵发展。

任校长以来，我坚持立足校情，本着各项管理要遵循人的成长和发展规律，遵循教育教学规律原则，不断赋予管理文化新的内涵。打造科学的管理格局，探讨尝试新的管理模式，提出并全面实施"三合一"管理模式，促进学校健康发展。

学校加强扁平化管理体制的实践与探讨，充分利用信息化建设平台，确保科学管理模式有效实施。干部、教师加强学习，不断更新观念，积极参与学校管理，确保学校健康发展。学校领导干部能够树立"一切为学校发展服务"的管理理念，发扬"团结、实干、公正、服务、创新"的工作作风，人人争做成人、成事、成己的"三成"好干部。学校实施"常规工作制度化"的运行方式，以《后南仓小学管理制度汇编》的常规工作制度为准则，用制度约束行为，指导工作，引领发展。学校将所有适合的活动管理实施"项目制"管理，学期初各部门主管干部罗列出本学期项目实施内容，每个项目按照"调研酝酿、策划审批、项目实施、总结反思"的工作新机制进行策划与实施，并形成动态化的闭环管理模式。干部工作进一步落实"走动式管理"要求，倡导干部工作的"六走进"。突出民主管理方式，开好教代会，突出民主决策。学校成立三级家长委员会，定期召开会议。进一步创新行政会、教师大会的形式，改进会风，提高会议实效性。学校还注重加强网站、微站的建设与管理，提高社会知晓度、参与度，促进学校管理水平提升。

2016年4月，通州区政府督导办公室对我校全面工作进行督导检查，给予我校管理全面工作较高评价。我校干群团结，遵纪守法，立足本职，尽心工作，连续多年被区教委评为综合考核优秀学校。近几年我在国家、市、区级做学校办学经验交流共计30余次。

第五，立德树人，提高效益，创办人民满意学校。

任校长以来，我一直坚持立德树人根本宗旨，依靠全体干部、教师，坚持建设以学生为中心的学校，真正做到把学生放在正中央，注重师生的实际获得。孩子们成为学习的主人、发现的主人、实验的主人、创造的主人，他们在学校健康快乐地成长着。多名同学在市区组织的各项活动中获奖。他们的学习兴趣、态度、精神、素养、方法等品质也不断养成、不断发展、不断提升。学生全面发展、主动发展、个性发展和可持续发展的"四个发展"日益凸显，后小学生素养受到社会及高一级学校广泛好评。教师们成为研究者、指导者、实践者、反思者的角色，能力不断增强。全体教师爱岗敬业，智慧育人。多年来在上级部门的正确领导下，在学校干部教师的辛勤工作下，在社会各界的鼎立支持下，后南仓小学实现了科学发展、创新发展。学校办学特色突出，学校文化建设凸显，学校办学品质得到了极大提升，形成了以"科技教育"为核心的办学理念体系；形成了以"科技教育"为核心的育人途径模式；构建了体现"三我"价值观的"端蒙课程"体系，极好地助力了学生成长。后南仓小学2013年以来获得"北京市文明校园"等市区以上各类集体奖项200余项。学校办学经验在首都教育网站2016年4月27日和今日头条2017年1月18日以《大气成就大器》为题进行刊登；我写的"寻仓探蕴实践活动"学校课程建设经验在《现代教育报》刊登。学校连续多年被区教委评为考核优秀单位。家长和社会满意度高，一所人民满意的学校在不断前行。

随着国家"十四五"规划之年的来临，通州地区作为新的城市副中心，承载着教育、文化、经济进行改革突破的重大责任。在这一大环境的要求下，后小如何进一步实现自己的突破，如何将过去积累的优秀传统充分传承与发扬，是我作为一个校长需要进一步深入思考的问题。

百年，对于后小而言不是终点，而是新的起点。

"百年仓廪，但求实"是我们过去工作的写照，更是我们未来工作的永恒目标。我将和教师们一起，不忘初心，砥砺前行。

附件1：学校"十三五"规划

弘扬百年精神 深化"三我"教育 提升育人质量

努力创办北京城市副中心的品牌学校

——后南仓小学"十三五"发展规划（2016—2020）

党的十八届三中全会提出"深化教育领域综合改革"的总体要求，

明确了教育改革的攻坚方向；通州区教委也发布了《通州区教育综合改革方案》，进一步明确了学校教育的改革要求和重点举措。2016年，是国家"十三五"规划的开局之年，百年后小，借通州区被定位为北京城市副中心的契机，在传承中谋求新的发展，特制定学校未来五年发展规划。

一、发展指导思想

为了贯彻落实国家中长期教育发展规划纲要，坚持立德树人根本任务，大力培育和践行社会主义核心价值观，以"市、区深化教育领域综合改革方案"为引领，弘扬学校"求真·务实·超越"的百年精神，全面培养学生的核心素养，持续提升育人质量，创建北京城市副中心"理念先进，学生本位，管理科学，质量优异，开放包容，家长满意"的百年品牌学校。

二、学校现状分析

（一）学校基本情况

后南仓小学现有教学班32个，学生1446人，教职工102人，其中党员教师53人，大专及以上学历教师97人，高级教师10人，市级骨干教师2人，区级骨干教师10人，青年骨干教师2人。学校占地面积7003平方米，建筑面积5117平方米。

（二）发展优势

"十二五"期间，在上级的正确领导下，在全体师生的努力下，学校已经呈现了良好的发展态势。

1.学校办学理念体系日趋成熟，被广大干部、教师认可。

"十二五"期间，学校通过调查研究、专业引领、征求意见、班子决策等途径，构建了完整的办学理念体系。坚持"大气成就大器，奠基智慧人生"的办学思想，以"全面贯彻党的教育方针，坚持立德树人根本宗旨，培养全面发展智慧学生，努力创办人民满意学校"为办学宗旨，以"创设优美的教学园区，优秀的教师团队，优异的教育质量"为办学目标，坚持"科技教育"办学特色，探索性地提出"我发现·我实验·我创造"的科技教育核心理念。

在学校办学理念的引领下，"三我"已从科技教育的核心理念发展成学生智慧人生文化的核心内涵。2015年4月17日，我校的《创建三我文化，启迪智慧人生》在北京市第二批学校文化建设总结大会上做经验交流发言，同时我校获"北京市文化建设示范校"称号。2016年11月，我校被北京市教委评为首批"文明校园"之一。

2.挖掘凝练出学校的"百年精神"。

2013年1月，后南仓小学被命名为北京市"百年学校"。在欣喜之余，我们组织师生、校友及相关人士，回眸学校百年发展历史，展望学校美好未来，挖掘凝练出"求真·务实·超越"的百年精神。

求真：品行端正，学做真人；立德树人，教人求真；尊重科学，追求真理；

务实：实事求是，诚实担当；严谨治学，脚踏实地；勤于实践，笃行致知；

超越：锐意进取，开拓创新；善于研究，精益求精；不断改进，追求卓越。

3.办学特色初步形成。

办学特色发展的第一个阶段（1990—2012）：20世纪90年代初，我校明确提出"科技教育"的办学特色，此后的二十几年，学校不断深化科技教育办学特色，学生科技兴趣活动的开展、科学知识的普及、学校科技生物馆的建成、现代化教学技术手段的普及运用等在学校特色办学中都发挥着重要作用。学生科学素养不断提高，学校多次被评为市区科技教育先进学校。

办学特色发展的第二个阶段（2013—2016）：2013年以来，在继承学校发展传统的前提下，我们继续以科技教育为特色办学目标，同时给科技教育赋予了新的内涵。"三我"理念，成为我们深化科技教育的理念引领和具体抓手。

4.学校实施科学管理，取得一定成效。

"十二五"期间，学校依法治学，依规建校，突出民主管理，建立健全学校章程和各项管理制度，重新修订了教育教学管理办法，为"十三五"科学有效地管理打好了基石。

各种教师评价制度的改革，激发了教师再度发展的愿望。学校的《五星教师评价方案》《教师职称评定办法》《绩效工资分配方案》等评价制度的出台，使得各层教师都有了自主发展的内驱力，有了前行的目标，也为各层教师提供了再度发展的平台。

5.干部教师团结向上，队伍整体素质高。

干部团结实干，拼搏进取，勤于研究，敢于创新。干群关系和谐，教师给予领导班子高度的评价。中共党员人数较多，占全校教师总数的52%。教师爱岗敬业，求真务实，善于发现、乐于思考，教育教学水平较高。百年的办学历史形成了优秀的学校文化。

6.学校课程建设取得一定成绩。

学校校本课程开发具有一定基础，突出科技教育办学特色的经验。2014年11月在区级做经验交流，2015年学校被评为北京市级课程建设先进单位。

7.注重家校合作，践行协同育人。

"十二五"期间，学校注重做好家校合作、协同育人工作。成立家长学校，建立三级家长委员会制度。学校家长能够协同学校做好共同育人工作，积极参加家长学校活动，参与学校各项志愿者工作，给学生作出了表率。学生在学校健康快乐地成长，社会满意度高。

（三）发展不足

1.教师专业素养还需进一步提升。我校共有干部教师102人，市区骨干教师12人，青年骨干教师2人，高端人才较少。教师专业化水平不均，专业引领能力较弱，没有形成专业发展梯队。少数中老年教师处于专业发展的瓶颈期，职业倦怠现象比较明显，创新意识有待加强。部分教师面对新的改革形式，急迫感与危机感还需要加强，有些教师教育科研能力还比较弱，在专业化发展方面部分教师没有找到新的增长点。

2.需要进一步创新德育形式，切实提高德育实效性，构建全方位的立体化德育体系。

3.科技教育特色还有待进一步深化。以校本课程为抓手，进一步提高学生的核心素养，开发并落实"培养'三我'品质的、学生喜欢的、学生自主选择的特色课程工作"还有待进一步加强。

4.课堂教学中，教师真正落实"以学生为中心""变教为学"，让"三我"理念浸润到课堂当中，真正打造智慧课堂，构建生态课堂，培养学生核心素养。

三、发展愿景与目标

（一）发展愿景

在"大气成就大器，奠基智慧人生"的办学思想引领下，让后小成为每一个孩子智慧人生起航的地方，成为每一位教师价值与尊严实现的地方，成为每一位家长放心托付孩子和孩子明天的地方。培养具有"三我"品质、全面发展、快乐成长的智慧少年。全体同心，凝智聚力，再创百年老校新的辉煌。

（二）发展目标

2020年，学校文化建设已经落地生根，学校科学的管理格局日臻完善。以学生为中心的育人模式更加凸显。"三我"智慧课程体系更加完善。教育质量得到进一步提升，各项检测成绩全部达到副中心城区学校中值及以上水平，力争前列。深化科技教育内涵发展，学校科技教育特色办学进入更加成熟的第三阶段。教师队伍素养整体提升，力争人人教有所长，涌现出一批理念先进、敬业爱生、智慧育人的"五星"教师典范。学生全面发展，健康快乐地成长，"三我"品质初步形成，人人争当"五星"好少年。形成一所理念先进、管理科学、学生为本、质量优异、百姓满意、开放包容的副中心百年品牌学校。

（三）分目标

1."十三五"期间，学校继续坚持正确的办学方向，以办学思想统领学校全面发展，在学校精神文化、制度文化、行为文化、物质文化等方面不断丰富内涵，引领各项工作全面发展。继学校被评为"北京市文化建设示范校""北京市文明校园"后，在区教委的领导下，进一步追求学校发展的新高度，实施、总结"三我"教育办学经验，力争2018年在市UDS项目组校、区域内教育联盟校等范围内召开"文化立校"交流研讨活动。

2."十三五"期间，学校将进一步打造科学的管理格局，以立德树人为根本宗旨，各项管理要遵循人的成长和发展规律，遵循教育教学规律，不断赋予管理文化新的内涵，全面实施"三合一"管理模式。

3."十三五"期间，我校将把提高干部教师队伍素质作为首要任务来抓，引导教师传承"求真·务实·超越"的百年后小精神，做德才兼备、智慧育人、快乐工作的大气的智慧教师。围绕大气教师的五个维度——博爱、平实、慧教、合作、创新，开展"五星"教师评比活动，激发教师工作热情与智慧，发掘典型教师事例，总结典型经验，引导教师争做品牌教师。五年内力争使市区级骨干教师达到20名。

4."十三五"期间，我校德育工作将围绕学校发展总体目标，以养成教育为核心，以培养学生的核心素养为重点，落实社会主义核心价值观，在学校"三我"智慧课程体系下，建设"慧德"课程框架，丰富课程内容，开发课程资源，实现德育课程实效化、系列化，促进德育课程的可持续、特色化发展。通过"点上突破，全面辐射，整体推进"的实施策略，探索慧德课程模式，深入课题研究，提高德育工作的实效性。以"五星"少年评价为抓手，依托学校节日课程等活动，促进每个学生"三我"品质的形成，人人争做全面发展、快乐成长的智慧少年，确保每个学生掌握一项科技特长和一项艺术特长。

5."十三五"期间，学校将继续落实新的课程计划，建构学校"三我"智慧课程体系，顶层设计学校课程方案，突出综合实践课程开发与实施，形成动态的课程资源体系，提升干部教师的课程开发与实施能力。完善课程评价机制，培养学生的核心素养。

6.在课堂教学中，深入践行"三我"智慧课堂教学模式，把每一个学生都放在正中央，真正落实生本课堂。以课题引领为抓手，不断提高"三我"智慧课堂的实践与研究能力，突出"变教为学"的方式，打造"五每三转化"的生态高效课堂，不断培养学生的"三我"品质和核心素养。关注学生学习成果，注重学生的实际获得，确保学生在区级以上检测中达到城区中值以上水平。

7."十三五"期间，学校继续树立学生"健康第一"的指导思想，在学校"三我"智慧课程体系下，建设"慧体"课程框架，不断丰富课程内容，开发课程资源，开展多彩活动。实施体、艺、科"2+1+1"工程，确保每个学生具有2项体育特长。指导学生树立健康理念，培养良好的生活习惯和健康行为，实现学校卫生健康教育覆盖率100%，近视率、肥胖率逐年下降；学生各项体能检测成绩位居区城区中值以上水平。

四、主要任务

"十三五"期间，学校将以"围绕一个中心，建构五个体系"为主要任务而开展工作，即"以学校文化建设为中心，建构科学管理、教师发展、德育育人、课程教学及体育健康领域的五个体系"，确保学校健康发展，学生健康成长。

（一）夯实文化立校中心，引领学校全面发展

学校将继续以文化建设为中心，牢固树立"文化立校"理念，不断丰富文化体系内涵，引领教师时刻牢记"后小发展，你我有责"的发展口号，人人具有"校兴我荣，校衰我耻"的情怀，每一位教师都自觉、认真地践行学校文化体系内容。真正落实让文化建设落地生根，具体做到让文化"入册、入行、入心"。

1.编制文化手册。

学校将进一步认真梳理文化理念体系，编制《后南仓小学学校文化》指导手册，强化学校精神文化建设，明确学校建设的价值链条。

2.加强学校行为文化建设。

大力弘扬优秀传统文化，落实立德树人根本任务，培养学生核心素养，以学校文化手册内容为引领，自觉践行社会主义核心价值观。引领教师扎扎实实地做好自己的本职工作，让文化要求成为行为自觉。

3.真正尊重每一位教师。

教师是学校文化的代言人、实施主体。学校充分尊重教师人格，发挥教师主人翁作用。学校各项规章制度的制定、实施，突出尊重、发展、

质量、效益、纪律等原则，让学校文化逐步深入人心，真正做到生根发芽。

4.加强学校物质文化建设。

几年内，逐步实现校园环境美化、育人化、生态化，为学校文化立校保驾护航，为学生的健康发展做好物质保障。

5.阶段总结，不断反思。

组织干部教师认真实施、梳理"三我"的教育教学及管理经验，采取多种形式交流经验。2018年在市区项目组、联盟校等范围内召开办学研讨会。

（二）建立科学管理体系，确保学校健康发展

1.更新管理理念，实践"三合一"管理模式。

学校加强扁平化管理体制的实践与探讨，充分利用信息化建设平台，确保科学管理模式有效实施。干部、教师加强学习，不断更新观念，积极参与学校管理，确保学校健康发展。

2.学校干部先行，不断提升管理素养。

学校领导干部要时刻树立"一切为学校发展服务"的管理理念，进一步发扬"团结、实干、公正、服务、创新"的工作作风，人人争做成人、成事、成己的"三成"好干部。

学校将建立各年级"年级长"管理制度，发挥年级长作用，协助学校做好年级管理、统筹协调年级活动等工作。

3.切实发挥好制度的作用。

学校实施"常规工作制度化"的运行方式，进一步完善和实施2016年初出台的《后南仓小学管理制度汇编》的常规工作制度，用制度约束行为，指导工作，引领发展。

4.全面探讨项目制在学校管理中的作用发挥。

学校将所有适合的活动管理实施"项目制"管理，学期初各部门主管干部罗列出本学期项目实施内容，每个项目按照"调研酝酿、策划审批、项目实施、总结反思"工作新机制进行策划与实施，并形成动态化的闭环管理模式。

5.让民主管理入心。

干部工作进一步落实"走动式管理"要求，倡导干部工作的"六走进"。突出民主管理方式，拓宽校长与教师、家长、学生平等对话的途径。开好教代会，突出民主决策。学校成立三级家长委员会，定期召开会议。进一步创新行政会、教师大会的形式，改进会风，提高会议实效性。进一步加强学校网站、微站的建设与管理，提高社会知晓度、参与度，促进学校管理水平提升。

6.开放交流，借势发展。

落实通州区深综改方案，借"潞河教育联盟"优势资源之力，乘"京津冀发展共同体项目学校"发展之机，促进学校又好又快发展。制定并逐步实施对外开放办学方案，加强与国内外学校友好往来，引领干部教师不断学习国内外先进国家、地区的办学经验，立足岗位，开阔思路，不断提升。

（三）建立教师发展体系，全面提升提高教师素质

1.以"超越"计划为引领，扎实开展校本培训活动。

依据学校教师专业发展"超越计划"，干部教师认真做好个人发展规划。加强校本培训，做到五个带动：课题带动、项目带动、杯赛带动、活动带动、骨干带动。实施"外训内升"工程，五年内，每位教师均要走出北京市参加学习培训至少一次，部分教师走出国门学习提升，开阔视野。

2.以"五星"教师评价为抓手，激发每位教师进取精神。

学校将把提高教师队伍素质作为首要任务来抓，引导教师传承"求真·务实·超越"的百年后小精神，做大气的智慧教师。围绕大气教师的五个维度——博爱、平实、慧教、合作、创新，开展"五星"教师评比活动。为不同层次的教师搭建发展的平台，激发教师的工作热情与智慧，提升每位教师的专业素养，引导教师争做品牌教师。

3.以典型教师为榜样，实现人人教有所长。

学校要发掘每一位教师的教学所长，帮助教师总结、梳理自己的教学特点，人人具有工作自信。发现、培养、打造品牌教师，适时成立教师个人工作室，为教师发展提供空间。五年内力争使市区级骨干教师达到20名。

（四）构建学校德育体系，培养学生良好品行

1.探索慧德课程，发挥德育育人功能。

学校将探索慧德课程模式研究。从德育工作的"整体性、主体性、

实践性、发展性"入手，切实提高实效性。制定课程标准，明确课程定位。梳理学科教材，加强学科渗透；丰富德育教材，突出育人功能。

2.整合慧德内容，塑造学生良好品行。

围绕学校育人目标，以科学化、系统化、规范化思想为指导，我们将整合所有德育教育内容，开发并实施慧德课程。

（1）启德——"养成规范"类课程。以《新中小学生守则》《中小学行为规范》《通州区十德树人读本》《后小行为规范读本要求》《"五星"少年评价标准》等为依托，通过班会、法制教育等途径，启发引导学生明确要求，极力践行使命，确保学生各项规则知晓率达到100%。分年级开展"习惯培养""文明礼仪""诚信遵规"课程，达成课程目标：文明习惯养成，文明少年我争当。

（2）明德——仪式典礼类课程。包括入学典礼课程、入队典礼类课程、开学典礼课程、国旗飘扬升旗课程、毕业典礼课程等。通过系列课程，达成课程目标：明德懂礼我能行。

（3）树德——实践体验类课程。包括：学科综合实践课程、社会实践课程、中华传统文化课程等，借助码书、码课及互联网教学手段，充分开展主题实践课程，达成"动手探究我创造"的课程目标。

（4）悦德——特色节日类课程。以传承中华传统文化，传承百年后小文化，传承特色课程文化为出发点，开展"校园五节课程、国学诵读课程、中华传统节日课程、百年校史课程"等，将品德修养教育与节日活动有机结合，通过浓浓的节日氛围和活动开展，陶冶学生情操，愉悦学生身心，实现"快乐成长"的育人宗旨，达成"传承经典我立德"的课程目标。

3.开展德育课题研究，提升教师育德水平。

学校将以骨干班主任、优秀教师为研究团队，探索"德育课程资源开发与应用""节日课程的实践研究"等慧德课题，研究解决教育过程中的真问题，促进学生良好品德的形成。

4.完善评价机制，促进学生全面发展。

扎实做好《"五星"少年评价标准》的制定工作，依照标准建立学生成长足迹册、"五星"争章卡，助力学生良好品行养成。不断完善评价方式，注重评价过程，实施多主体参与评价，实现"文明、勤奋、健美、科技、艺术"五星耀校园的良好局面，促进学生全面发展、快乐成长。

5.家校合作，多元育人，拓展育人途径。

建立开放办学机制，开发家校共育课程，建立家、校、社区"三位一体"的教育网络，实现多元育人良好局面。

（五）践行智慧课程体系，提升学生核心素养

1.理清课改计划，明确课程建设方向。

学校将进一步落实市区课改方案，发挥课程整体育人功能，进一步明确课程方向，做好融通与整合，实现三级课程间、课堂内外、学段之间、学科之间以及教学环节之间的融通，尊重教育规律和学生成长规律，促进每个学生全面、健康、快乐地成长。

2.完善智慧课程体系，促进学生多元发展。

在"三我"理念引领下，学校将进一步梳理特色课程建设的主线，

不断完善"慧德、慧智、慧体、慧艺、慧能"五大领域的"三我智慧课程"体系，将"三我"教育与学生发展紧密结合，三级课程建设与社团课程建设融通共生，实现育人目标。

在"互联网＋"教育的大背景下，我校将以STEM课程的学习与研究为突破口，以《七彩课堂》校本实践活动手册及五大节日课程为依托，开展码书、码课及主题式综合实践活动课程的研究，从而凸显科技教育特色的校本课程。

研究制定《学校课程评价方案》，从"课前准备、参与态度、知识掌握、阶段成果展、技能达标"等五个方面，采用星级评价、段位评价、成果评价、汇报式评价的形式，对学生进行综合考评。结合学校"五星"教师的评价，从课程开发、课程实施、课程研究、课程效果等对教师进行考核评价。

3.落实智慧课堂，不断提升教学质量。

深入研究并落实"三我"智慧课堂模式，构建以学生为中心的课堂，以课题为依托，改变教学方式，落实课堂上让"每一个学生都有学习兴趣，每一个学生都有学习活动，每一个学生都受到关注，每一个学生都有机会，每一个学生都得到发展"的教学理念，实现"将内容转化为问题，将讲授转化为探究，将结果转化为共识"的教学路径，突出"三我"理念的体现，从而实现"三我"智慧课堂教学的转型增效。

落实"三我"智慧课堂的有效路径：明确模式—校本教研—教学观察—科学评价—不断反思—总结交流。进一步落实市区校多层融合的智慧课堂研究模式，有效推进"三我"智慧课堂的形成，培养学生的"三我"品质和核心素养，形成我校富有特色的"三我"课堂文化。

4.切实发挥科研引领作用，促进学校内涵发展。

学校将围绕"科研兴校，质量立校"的思路开展教育科研课题研究。以课题研究为主线，成立研究团队，以实际问题为导向，积极参加"变教为学""基于UDS项目下学校自主发展"等市级课题的研究，积极申报区级"十三五"课题，建立校内校外、线上线下、共研共享的立体化研究体系，研究与解决课改中的真问题。坚持问题微改进，微创新。通过持续行为跟进、总结交流、反思提升等方式将教研与科研有机结合，扎实稳步推进我校的科研工作。做到骨干教师人人有自己承担的科研课题，青年教师能够积极参与1~2个课题，鼓励全体教师主动承担、参与课题研究。以科研促进教师发展，实现学校内涵发展。

5.完善监控机制，构建科学评价系统。

学校将不断探索层级动态质量诊断系统。建立教育督导、市区学科视导、课程建设评估、课题组专家视导及学校内部监控的多层次、多角度的质量管理体系，采用定期与随机监测相结合、专项与综合监测相结合、校内与校外相结合的评价方式进行监控，实现质量监控的常态化。注重常态课堂教学的高效，加强过程性的诊断、指导与改进，注重研究学生的学业标准，根据不同学科的特点及培养目标，创新多样化诊断方式，积累相关数据，学会科学地分析，建构科学有效的学业评价体系，不断提升教育教学能力。

（六）建设健康卫生体系，提升学生身心健康水平

学校以构建智慧课程体系下的慧体课程为依托，建设慧体课程下的

健体与美体类课程，并以健美之星评价的5个维度（自护星、做操星、竞赛星、体能星、特长星）为抓手，以落实系列活动，为保障全方位做好体卫工作。

1.建设健体课程，增强学生身体素质。

依据学校体育工作条例，结合各年级段学生体育健康测试的标准，构建以提升学生的身体素质为核心的"三我"健体课程即体育基础类课程，有计划地开展体育教学活动，深入研究相应的体育教学策略，落实智慧课堂模式，提高健体类课程的实效性，真正提高学生身体素质。

人人做好"两操"，人人争当"自护星、做操星"，形成我校课间操特色，保持区级课间操标兵校称号。

2.拓展美体课程，培养学生体育特长。

在做好健体课程的基础上，围绕阳光体育与社团课程、田径训练课程及体育节课程，建构美体课程（体育拓展类课程），不断完善"三我"慧体课程体系。以组织开展多样化的比赛为依托，以常态落实美体类精品课程为核心，培养孩子体育特长，彰显我校体育特色。

3.开展"五星"评价，培养学生体育素养。

落实健美之星评价的5个维度（小星）的评选，激发每一个学生的兴趣，挖掘每一个学生的体育特长，实现每人2项体育特长，促进每一个学生的健康发展。

4.完善健康课程，提高学生的健康水平。

根据学生生长发育变化规律、体质健康监测状况，不断完善物质环境、食品卫生、健康教育等相关监测体系建设，并通过开设特体生社团课程、健康教育专题课程等，组织学生进行体卫实践活动，调动学生的积极性，激发他们的参与兴趣，全面提高学生的健康水平。

五、保障措施

（一）组织保障

学校党支部正确领导全面工作，在规划制定与执行过程中发挥组织战斗堡垒作用，监督指导各项工作的正确开展。学校成立以校长为组长的"十三五"规划领导小组，策划、组织规划的制定与实施。领导小组负责征求广大教师意见，制定实施规划。每学年结束，开展一次自查活动，及时总结实施的成效，对没有落实好的项目，提出整改意见，限期整改。工会组织做好支持保障工作，继续实施"快乐生活，快乐工作"计划。加强教职工之家、教师社团建设，提高教师学校生活的幸福感和归属感。

（二）优化环境

"十三五"期间，学校将不断加强育人环境的建设，构建学校、家庭、社会"三位一体"的教育环境，同时还将与国内、国外一些优质特色学校建立联谊，采取"走出去，请进来"的方式，丰富师生教学交流活动内容，拓展更为广阔的育人空间。

"十三五"期间，学校将加强物质环境建设，有计划地申报市、区两级财政支持资金，加大学校基础设施建设，完成创客教室建设、班级智慧课堂、教师就餐环境、操场绿化美化、卫生间设施改造升级等工程。

逐步实现校园环境净化、亮化、美化、生态化，达到标准化小学建设标准。

在"互联网＋"教育背景下，学校将加强信息化进程，建立数字化校园，实现教育教学改革、服务宣传、网络教研、资源共享、学生自主选课系统、校内外评价系统等教育教学数字化管理模式，提高学校办学品质。

（三）经费保障

根据学校规划合理使用资金，不断改善办学条件，增添设施设备，保障教师培训、科研、课程改革及特色建设等各项工作的顺利开展。

（四）后勤保障

以服务教育教学为中心，建立高效的后勤服务运行体系，强化财务管理和固定资产管理，建设绿色生态校园。

（五）推进保障

围绕主要任务，我们确定了学校发展的十三项行动，按年度制定推进计划，确保规划科学有序实施。

新的机遇赋予了我们新的使命，我们要勇敢迎接挑战，务本求实，团结进取、锐意创新，在通州区委区政府、区教委的正确领导下，弘扬百年精神，深化"三我"教育，提升育人质量，为创办北京城市副中心的品牌学校而奋斗！

附件2："五星"少年评价标准之科技之星

"五星"少年名称	维度	行 为 要 求
科技之星	巧手星	低年级：看结构，细琢摩；慢动手，稳操作；细节处，不放过；外观美，样式多。 中年级：能够较熟练地参照说明独立完成小制作，造型美观，细节精致，能够解释自己的小制作的科学原理。 高年级：独立且富有创造性地使用材料制作作品，外形美观，作品主题突出。
	观察星	低年级：善发现，细观察；详记录，勤搜索；资料全，收获多；分析准，有成果。 中年级：对周围事物、动物植物等能够较为准确地辨别，对其特性习性有一定的了解，能写出观察记录。 高年级：对动植物名称、属别有清晰的认知，对个别难以分辨的动植物会借助工具查找资料，填写完整清晰的观察记录单。
	实验星	低年级：做实验，要注意；保安全，多思考；实验中，记录好；有发现，有推导。 中年级：能够按顺序和步骤完成实验，保证实验安全，能准确记录实验过程和实验现象，了解其中的原理。 高年级：独立规范地完成实验，对于实验中可能存在的问题有预设，翔实、准确记录实验过程和发生的实验现象，对于实验的科学原理阐述清晰。
	智慧星	低年级：想法多，办法妙；善分析，擅动脑；大赛中，发挥好；成绩优，文章妙。 中年级：对于科学知识掌握程度较高，积极参加各类科技知识类竞赛，能在校级或区级比赛中取得成绩。 高年级：科学知识丰富，积极参加各类科学知识竞赛活动，在区级或市级科技知识类竞赛中取得好成绩。
	创意星	低年级：新想法，不寻常；亲手做，实验勤；小创意，大用场；发明巧，成果强。 中年级：在家长和教师的协助下完成创意作品，对于作品的制作过程全程参与，对作品有准确的阐述。 高年级：独立完成创意作品，作品有独创性，符合科学规律，有一定的推广和应用价值，参加区级或市级竞赛成绩突出。